MÉMOIRES

D'UN

PRÊTRE

PARIS

PÉTION, LIBRAIRE-ÉDITEUR

DE EUGÈNE SUE, ALEXANDRE DUMAS, CHARLES DE BERNARD, ETC.

11, rue du Jardinet.

—

1847

MÉMOIRES D'UN PRÊTRE.

En Vente

Le Gentilhomme Campagnard

Par Charles de Bernard.

MARTIN, L'ENFANT TROUVÉ

Par Eugène Sue.

LA REINE MARGOT

(Nouvelle édition), Par A. Dumas.

DERRIÈRE LE GRAND MAT

VIE MARITIME DU JOUR,

Par Éd. Pujol, lieutenant de vaisseau, auteur d'*Entre deux Lames*.

LES EXILÉS, par madame Louise Colet.

ÉGLANTINE, par madame Junot d'Abrantès.

LA RUE QUINCAMPOIX

Par Adrien Paul.

COMME ON AIME UNE FEMME

Par le même.

LA CIRCASSIENNE

Par A. Delavergne.

Sous Presse :

LE VICOMTE DE BRAGELONNE

OU

DIX ANS PLUS TARD,

Complément des TROIS MOUSQUETAIRES et de VINGT-ANS APRÈS.

Par Alexandre Dumas.

LE VEAU D'OR

Par Charles de Bernard (entièrement inédit.)

SCEAUX. — IMPR. DE E. DÉPÉE.

MÉMOIRES

D'UN

PRÊTRE

4

PARIS
PÉTION, LIBRAIRE-ÉDITEUR
DE EUGÈNE SUE, ALEXANDRE DUMAS, CHARLES DE BERNARD, ETC.
11, rue du Jardinet.

1847

I

J'étais à ..... pour des affaires de la dernière importance : je ne m'en occupai pas. On me dit que je devais porter une plainte en faux : je n'y songeai pas. Une pièce était, prétendait-on, signée de moi : je reconnus la fausseté de l'écriture et je ne dis rien. La donation faite en mon nom se trouvait transportée au profit d'une communauté : je ne réclamai pas. L'homme de loi à qui j'étais adressé me prit pour un idiot;

il avait raison dans ce moment là : je vivais absorbé dans un désespoir morne et silencieux.

Je partis quand on me dit de partir, et je me retrouvai à Rennes sans en avoir conscience. Mon âme et mon cœur étaient à bout de forces. Au moral, j'étais mort. Une passion vive ou une distraction puissante pouvait seule m'arracher à cette torpeur qui, si elle eût continué, aurait abouti à l'imbécilité ou à la folie. Heureusement la crise ne tarda pas.

Depuis mon dernier retour j'habitais Rennes, me levant, buvant, mangeant, dormant sans savoir ce que je faisais, lorsque la femme qui veillait sur moi, j'ignore par l'ordre de qui, me demanda si je voulais recevoir une visite. Je répondis ce que je répondais toujours :

— Oui, si l'on veut.

Qu'étaient pour moi les choses de la vie ?

Un instant après cette demande, je n'y pensais plus, ou plutôt je n'y avais jamais pensé.

Marguerite était toujours présente à mon esprit, tantôt comme aux jours de notre première enfance, tantôt comme aux jours où je correspondais avec elle ; mais quand je me la représentais morte, je mettais mes mains sur mon visage et je sanglottais... C'était une idée fixe, signe précurseur de la folie.... Oui, je le répète, je devenais insensé pour le reste de mes jours, si une forte secousse ne m'eût rappelé à la vie réelle.

La personne qui fut introduite près de moi m'était inconnue. C'était un homme d'environ cinquante ans, d'un extérieur austère, maniéré cependant, et affectant le solennel et le pompeux. Cette figure piqua ma curiosité.

— Monsieur l'abbé, me demanda-t-il tout d'abord, avez-vous connu feu M.***? et il prononça le nom du vieil ami de Basse-Bretagne, qui m'avait remis les papiers dont il a été question si souvent.

Je répondis affirmativement.

— Avez-vous conservé quelques lettres de la correspondance que vous avez dû entretenir avec lui ?

Cette question me parut singulière, et j'hésitai à répondre.

— Parlez-moi sans réserve, je viens ici dans l'intention de vous être utile ; je suis envoyé par des personnes auxquelles votre position inspire le plus vif intérêt ; ainsi, de la confiance.... Avez-vous conservé, je vous le demande encore quelques lettres de votre correspondance ?

— Je crois les avoir toutes.

— Voilà qui est bien, reprit l'interrogateur. Maintenant permettez-moi une autre question : on vous a enlevé une malle à F...., vous ne la retrouvâtes que longtemps après ; quand on vous l'a rendue, elle avait été ouverte, fouillée, et l'on y avait pris des papiers ?...

Je fis un signe de tête affirmatif; il continua;

— Vous avez pris, je n'en doute pas, des renseignements sur la manière dont cette malle vous fut dérobée et vous fut restituée... Vous connaissez ceux qui ont pris part à ces faits et vous avez des soupçons à l'égard des auteurs de cette soustraction de papiers?....

Il appuya avec tant d'affectation sur ces mots : « les auteurs de cette soustraction, » son regard était si inquisiteur, et il semblait en même temps si perplexe que je me tins sur la réserve.

— Vous craignez de me répondre franchement, ajouta-t-il; je vous le répète en toute sincérité, ces questions sont faites dans votre intérêt et par l'ordre de gens pleins de bonnes intentions pour vous.

Ma défiance diminuait; cependant, je réfléchis avant de répondre.

— Les faits que vous avez rappelés, lui dis-je

enfin, sont exacts, mais je n'ai pris aucun renseignement : il était trop tard lorsque je me suis aperçu de la soustraction des papiers.

Je crus remarquer que cette réponse rassérénait le front de mon interlocuteur. Après un instant de silence, il me demanda si je pouvais lui permettre de lire la correspondance de M. A. D.

— Non, répondis-je aussitôt. Les confidences échangées entre nous ne sauraient admettre de tiers.

Il parut contrarié. Je l'observais attentivement. Déjà, en effet, j'avais secoué ma torpeur; je sentais la vie circuler de nouveau dans mes veines : je venais de pressentir un danger.

— M. l'abbé, me dit alors d'un ton composé le mystérieux visiteur, votre position vous est-elle bien connue?

Je ne sais pourquoi cette observation me

blessa. Je me dressai debout, et, lui jetant un regard de défi, je lui répondis :

— Vous êtes un étranger pour moi, Monsieur. Veuillez m'expliquer pourquoi vous m'adressez cette question ?

— Je vous l'ai déjà dit deux fois, répliqua-t-il : je suis envoyé vers vous par des personnes bienveillantes qui voudraient vous écarter du précipice où vous courez.

Un calme méprisant avait remplacé ma première émotion. Je répondis lentement :

— J'ai rencontré jusqu'à ce jour peu de bienveillance parmi les hommes. Remerciez de ma part ceux qui s'intéressent à mon sort, et dites-leur que je serais heureux de les connaître.

— Ainsi, me demanda-t-il en reprenant son chapeau, qu'il avait déposé sur une chaise, vous ne voulez pas me communiquer la correspondance de votre ami, quoique je vous affirme qu'il est pour vous de la plus haute importance de le faire ?

— Je vous en ai déjà dit la raison, repris-je avec le plus grand sang-froid : cette correspondance ne peut intéresser que moi.

Il jeta un coup-d'œil de rapide investigation dans mon appartement, et se retira en m'adressant force salutations.

Dès que je fus seul, je mis mes papiers en sûreté dans le double fond de ma malle. Ma nature nerveuse et impressionnable m'avait averti du péril ; elle n'avait pas été prise en défaut. En effet, quelques heures après le départ de mon étrange interlocuteur, la femme du charpentier vint m'avertir qu'elle avait suivi l'homme dont j'avais reçu la visite le matin, et qu'elle l'avait vu entrer à l'évêché.

Quoique les distractions qu'avaient apportées dans ma vie des passions insensées ne m'eussent pas laissé le temps d'observer mes confrères avec toute l'attention d'un homme qui jouit d'une entière liberté d'esprit, je connaissais cependant à merveille l'opiniâtreté que met le clergé à poursuivre ses desseins. Je compris que je n'en serais pas quitte pour un seul assaut ; il me fut aussi très facile de deviner que ma spoliation ne paraîtrait pas complète aux voleurs tant qu'ils n'auraient pas la certitude que ma correspondance avec mon protecteur ne contenait rien de nature à les compromettre. Sans trop prévoir ce qui pourrait en advenir, je résolus de tirer parti de l'avantage que j'avais sur mes adversaires. Mes facultés se ranimèrent, je songeai à me défendre énergiquement, et, pour dire la vérité, ce fut dans les leçons de ruses que j'avais reçues au séminaire et dans la fréquentation de mes confrères, que je puisai des armes contre eux.

J'avais besoin des conseils d'un jurisconsulte intelligent et dévoué. Mais où trouver cet homme dans un temps où le clergé tenait sous sa main le pouvoir judiciaire tout autant que le pouvoir religieux?

J'étais occupé de ces réflexions quand une seconde visite m'arriva.

C'était un des grands-vicaires, homme vénérable dont je n'avais jamais eu qu'à me louer dans mes rapports, fort peu nombreux du reste, avec lui. Son abord fut cependant froid, et au lieu d'aborder franchement le sujet qui l'amenait chez moi, il tournait autour et prenait les chemins de traverse pour atteindre son but. Tant il est vrai que l'éducation cléricale vicie même les plus généreuses natures.

— Mon cher ami, finit-il par me dire, votre conduite est inqualifiable. Vous vous mettez en révolte ouverte contre vos supérieurs ; vous osez une lutte inégale qui vous sera certainement funeste....

— Une lutte? interrompis-je, mais je n'y

ai pas songé ; je n'ai dit mot de ce genre à qui que ce soit... Est-ce sur des soupçons vagues et sans consistance que vous devriez juger mes intentions ?

Il branla la tête en signe d'incrédulité et me demanda :

— N'êtes-vous pas allé à ..... pour réclamer une donation après en avoir fait l'abandon aux missionnaires, vos anciens collègues ?

— J'ai été, en effet, réclamer, mais ce qui m'appartient, et ce dont je n'ai fait présent à personne.

— Comment ! reprit-il tout étonné, vous n'en avez fait don à personne ? mais la pièce est parfaitement en règle et signée de vous.

— De moi ? répondis-je à mon tour ; je n'ai signé aucune pièce, et s'il en existe quelque part une portant ma signature, elle est fausse.

Il me regarda presque avec stupeur.

— Mais, ajouta-t-il, pourquoi, lorsqu'elle

vous a été présentée, l'avez-vous reconnue, acceptée pour ainsi dire par votre silence.

— Pourquoi? repris-je avec chaleur. C'est que j'étais anéanti, c'est que les affaires de la vie ne m'occupaient plus, c'est que j'étais mort.

Et sans attendre sa réponse je lui exposai sans réserve l'état de mon cœur.

Le bon vieillard — qu'il en soit béni! — fut touché jusqu'aux larmes. Il prit ma main dans les siennes et me dit :

— Parlez, parlez encore... ah! je comprends tout.... voilà cependant le clergé que nous façonnent les jésuites.

Sa tête retomba sur sa poitrine; je crois qu'il pleurait.

Je lui fis un récit rapide et animé de ma vie; je lui peignis les tortures de mon cœur. Quand j'en fus arrivé aux derniers moments de Marguerite :

— Et c'est son frère, s'écria-t-il, qui a conseillé son abandon, qui a refusé de croire à son délire et qui a attribué à la possession du démon une exaltation, hélas! bien naturelle... Ah! pauvres jeunes gens!...

Il se leva plein d'émotion, se promena quelque temps dans ma chambre; puis il me dit :

— Vous ne savez pas dans quelle impasse vous vous trouvez. La main sur la conscience, je vous crois victime; mais on vous écrasera. Vous luttez seul contre l'esprit du clergé.

— Est-ce, demandai-je avec assez de calme, l'esprit de spoliation qui le dirige?

— Quel que soit cet esprit, me répondit le grand-vicaire, vous êtes assez aplati sans vous faire écraser tout-à-fait. C'est un ami qui vous le conseille : restez calme, et laissez-moi le soin de vous ménager une issue aussi favorable que possible.

— Que la volonté de Dieu soit faite! lui dis-je d'un air résigné.

— Hélas ! la volonté de Dieu n'est pas que le mal arrive. Mais ne désespérez pas de la Providence... Venez me voir demain vers le soir.

Il me quitta. Les témoignages de sympathie qu'il venait de me donner ranimèrent mon courage, et je me trouvai plus fort.

J'examinai sérieusement ma position. Il était évident pour moi que j'avais été dépouillé; mais je ne connaissais pas encore l'étendue de ma perte ; j'avais, en effet, toujours respecté la volonté de mon vieil ami, qui m'avait ordonné de n'ouvrir ses papiers qu'après sa mort. Il était encore évident que mes malles avaient été visitées par le père M... Cela rentrait tout-à-fait dans les habitudes de curiosité inquiète et d'espionnage continuel qui caractérisent le clergé.

En même temps, je voyais clairement que j'inspirais des craintes, et qu'on redoutait une enquête judiciaire : c'est pour cela que j'avais été envoyé à la Trappe, et je frémis en songeant que ma réclusion eût pu durer plusieurs années.

J'étais très décidé à intenter un procès ; mais je m'arrêtai en présence de mon isolement et de ma pauvreté. Ma situation était critique. Une main inconnue fournissait, il est vrai, à mes besoins ; mais cela ne pouvait, ne devait pas se prolonger. Privé de ces secours, je retombais dans le dénùment, et l'avenir ne m'offrait aucune autre ressource. En désespoir de cause, je me rejetais, il est vrai, sur l'aide inespéré de l'excellent grand-vicaire ; mais en quoi consistait-il ? Jusqu'où irait-il?...

Ballotté par ces craintes et ces espérances, je passai la nuit dans une extrême agitation : c'était un bonheur pour moi ; au moins je vivais. Mes facultés se retrempaient ; je sortais de cet état d'atonie morale qui m'aurait conduit aux Petites-Maisons.

Enfin je m'arrêtai à l'idée de laisser croire que ma correspondance avec mon vieil ami était très explicite à l'égard de la donation, et je me promis de profiter de la crainte que j'inspirais pour m'en faire une planche de salut dans mon naufrage.

Pour me distraire, je passai la nuit à inscrire sur mon journal tout ce qui m'était arrivé depuis dix-sept jours.

Je sortis vers le soir, mais je ne cédai pas au désir qui m'entraînait vers le couvent où était morte cette malheureuse jeune fille dont je m'accusais d'avoir hâté la fin. Je craignais de retomber dans mon premier accablement.

La promenade du Thabor était alors solitaire et ombragée. Je dirigeai mes pas de ce côté. Bientôt j'aperçus un prêtre assis sur un banc dans la partie la plus écartée du cours.

Je n'ai point cherché dans le cours de ce récit à dissimuler le sentiment de répulsion que m'a toujours fait éprouver un habit de prêtre. Dans les circonstances où je me trouvais alors, cette répugnance était devenue de l'aversion. Aussi changeai-je immédiatement de direction...

Je marchais à grands pas dans l'allée qui longe le Jardin-des-Plantes, lorsque je vis paraître à l'une de ses extrémités le même ecclésiastique. Je ne pouvais l'éviter sans affectation. Je me contentai d'enfoncer mon chapeau sur mes yeux, de relever le collet de ma redingote de laïc, et je continuai d'avancer. Que l'on juge de mon étonnement en reconnaissant, à quelques pas de moi, l'abbé Matelin, mon persécuteur et le véritable assassin de Marguerite.

Il se fit en moi une révolution si soudaine, la colère et la vengeance s'éveillèrent avec tant de violence dans mon âme, que mon premier mouvement fut de m'élancer sur Matelin et de l'étrangler. Pour la première et la dernière fois de ma vie, j'ai eu en cet instant la sérieuse pensée de détruire un de mes semblables. Il est certain que j'allais céder à ma fureur, lorsque la grille de fer du Jardin-des-Plantes s'ouvrit devant deux ouvriers qui s'avancèrent du même côté que Matelin. En passant à côté de lui, tout mon sang bouillonnait dans mes veines ; mes yeux exprimaient sans doute une partie de mes sentiments, car je le vis baisser brusquement les siens au moment où il me jetait un de ces regards obliques à l'usage des prêtres, toujours en quête de saluts et de témoignages de considération.

Je ne crois pas qu'il m'eût reconnu ; cependant, lorsque je détournai la tête pour le voir encore, je le surpris faisant le même mouvement. Je n'y tins plus, et, revenant tout-à-coup sur mes pas, j'allai droit à lui. Au lieu de m'attendre, le misérable hâta sa marche ; enfin, le bruit de ma course finit par lui inspirer une telle frayeur, qu'il se mit à fuir à toutes jambes, sans prendre le temps de regarder derrière lui. Peut-être savait-il alors qui j'étais ?...

Je n'aurais pas dit un mot de ce petit incident s'il ne me fournissait une occasion d'indiquer l'un des côtés du caractère du prêtre. En général, il est arrogant et impérieux parce qu'il compte sur la vénération publique, sur la protection de l'Etat et sur la force que l'esprit de corps et l'intérêt commun donnent à chacun des membres du clergé. Blessez un prêtre, vous les blessez tous, non pas dans la personne blessée, mais dans son habit, dans l'atteinte portée à la considération de la masse. En fait, ils ne s'aiment point entre eux et se jouent à la sourdine des tours pendables ; mais le bon public les ignore et n'en doit rien savoir. En présence d'un danger plus ou moins sérieux, leur timidité dépasse celle d'un enfant. Le fait que je viens de citer le démontre, et j'en ai eu une nouvelle preuve lorsqu'en 1830 un trône, ébranlé par l'esprit tracassier et envahisseur du clergé, tomba sous le souffle puissant du peuple. De quelles folles terreurs cette révolution ne fut-elle pas la cause!. . . . .

Lorsque je me rendis chez le grand-vicaire j'étais dans une disposition d'esprit peu pacifique.

Je le trouvai plus réservé que la veille; l'homme avait fait place au prêtre : il avait un rôle à jouer. Cependant, c'était à coup sûr une noble nature.

Après un préambule assez embarrassé, il me déclara qu'il avait trouvé en haut lieu une irritation profonde contre moi. On aurait déjà usé de moyens de rigueur, si une influence qu'il ne connaissait pas n'eût paralysé les mauvaises dispositions de mes supérieurs.

— Qu'il y ait ou qu'il n'y ait pas dol, me dit-il, dans la spoliation dont vous vous plaignez, on n'en soutiendra pas moins à outrance la Société que vous accusez de vous avoir lésé. Le clergé prendra fait et cause pour elle, parce qu'une résiliation ordonnée par les tribunaux causerait un scandale immense. On vous croit fort disposé à l'encourager ; aussi vous trouve-t-on très embarrassant. Mais vous êtes seul ; pas un homme de loi n'osera se mettre en hostillité avec une corporation toute puissante, et si vous en trouvez un par hasard, on vous imprimera de tels stygmates, que vous serez flétri et perdu à tout jamais....... Oui, ajouta cet excellent homme, je vous dis la vérité tout entière, car je veux vous sauver. Vous ne connaissez pas le monde et la pratique de la vie, et vous agissez uniquement sous l'influence de la colère, qui est toujours une fort mauvaise conseillère. Jusqu'à présent, vous n'avez pas su vous tirer des mauvais pas dont tant d'autres à votre place seraient sortis triomphants. Pensez-y bien, mon cher ami, entre deux maux il vaut mieux choisir le moindre, quand on a encore la liberté du choix. C'est là précisément la ressource que je vous ai ménagée.....

Il attendit ma réponse. Mon esprit était agité par une juste indignation qu'augmentait encore le sentiment de mon droit clairement révélé. Mais il faut que je l'avoue, la timidité de mon caractère, le souvenir de mes longues humiliations me rendaient la résistance impossible.

Après un assez long débat intérieur, je finis par demander au grand-vicaire quel était le moyen de salut qu'il venait m'apporter.

— Vous remettrez, me répondit-il, toutes les lettres de votre ami ; vous signerez un nouvel abandon de la ferme des Glenans (c'était la première fois que j'entendais ce nom) ; on vous comptera immédiatement après une somme de dix mille francs, et vous serez convenablement placé dans un autre diocèse.

Ces propositions me sourirent et me déplurent à la fois : il fallait que la proie fût bien belle pour que, dans la position où je me trouvais, on me fît des offres pareilles. Il fallait aussi que le manége employé pour me spolier ne rassurât pas beaucoup les bons pères, puisque, pouvant m'anéantir, ils traitaient à des conditions vraiment incroyables pour ceux qui savent avec quelle difficulté ils se dessaisissent, une fois qu'ils sont nantis.

Je ne faisais pas entrer en ligne de compte l'influence mystérieuse dont m'avait parlé le grand-vicaire. Je reconnus plus tard qu'elle avait contribué pour beaucoup à régler les conditions. Les Glenans rapportaient 2,500 fr. de revenu : on m'en accordait à peu près le sixième. Oh ! certainement, les pères de la foi ne se montraient pas tous les jours aussi prodigues....

Je pris le temps de réfléchir avant de répondre au grand-vicaire, enfin je lui dis :

— Si la ferme dont vous venez de parler m'appartient, elle est à moi tout entière ; si elle n'est pas ma propriété pourquoi me demande-t-on un désistement, et m'offre-t-on en échange une somme de dix mille francs ?

Cette question parut l'embarrasser.

— Je ne suis ici qu'un intermédiaire, me répondit-il. Ce n'est pas à moi à discuter la moralité de l'acte. Je connais votre position et je vous donne un conseil bienveillant.

— Mais voulez-vous, ajoutai-je, vous prêter à une indigne spoliation ?

— Je veux vous être utile. Il est des cas où il ne faut plus considérer la moralité du fait, mais sa nécessité.

Je compris que je devais céder : j'acceptai les propositions.

L'acte était tout préparé je le lus attentivement ; je faisais abandon pur et simple des droits que je pouvais avoir sur le domaine des Glenans en faveur des pères de la foi, qui en disposeraient comme bon leur semblerait.

La date de cet acte remontait à l'époque de mon séjour à F... ; je n'y pris pas garde.

En même temps le grand-vicaire me remit une obligation, qu'il m'assura être en bonne et due forme, de la somme de dix mille francs, payables en deux termes. Il m'accompagna ensuite à mon domicile, où je déposai entre ses mains les cinq lettres que m'avait adressées M. A. D...

Après les avoir lues avec attention :

— On supposait, me dit-il, que ces lettres étaient plus importantes. Vous avez bien fait de ne pas les communiquer avant le réglement de vos intérêts.... Je vais m'occuper de votre affaire; soyez discret, ne paraissez pas en public. Vous recevrez sous peu de jours un premier paiement, dont vous donnerez quittance en ces termes. (Il me fit un modèle de quittance.) A l'argent sera jointe votre nomination. Croyez-moi, ne tardez pas à vous rendre au nouveau poste qui vous sera assigné, et écrivez-moi sous le couvert de madame N..., quand vous serez définitivement installé.

En réfléchissant, après le départ du grand-vicaire, à ma nouvelle position, je restai convaincu que le parti que je venais de prendre était le plus raisonnable, et je tâchai de deviner ce qu'on allait faire de moi. Il me parut peu probable que l'on me confiât la direction d'une paroisse dans le diocèse. On allait m'envoyer au loin en qualité de vicaire sous la surveillance de quelque curé despote : l'esprit haineux des bons pères ne me permettait pas d'en douter.

Mais quoi qu'il pût m'arriver, l'idée que j'échappais à la Trappe suffisait pour me montrer sous un jour favorable toute autre situation. Puis n'était-ce pas un bonheur que de fuir une contrée où j'avais tant souffert, une ville où je ne laissais que des ennemis ? Tout ce que j'avais aimé était mort, et ce n'était qu'en m'éloignant du triste théâtre de mes douleurs que je pouvais rêver encore quelques jours heureux....

Chose étrange ! en cet instant la pensée de mon inconnue me revint à l'esprit : mon cœur affamé de tendresse se rattachait à ce souvenir du passé comme à une promesse pour l'avenir, et je me surpris à l'aimer encore.

Deux jours après, l'homme à mine discrète qui m'avait déjà fait une visite se présenta chez moi : il m'apportait une somme de cinq mille francs et une quittance que je n'avais plus qu'à signer. Celle que m'avait donnée le grand-vicaire était toute prête et je la lui remis. Cela parut contrarier mon homme ; cependant, après un court débat il se décida à l'accepter. Il avait laissé l'autre sur ma table ; sans y prendre garde, je la plaçai dans mon bréviaire.

II

Je me voyais plus riche que je ne l'avais jamais été : cette fortune était si nouvelle pour moi que je me laissai aller à une joie d'enfant. En contemplant ce monceau d'écus de six livres qui m'appartenaient, j'éprouvai, pour la première fois, un sentiment de cupidité. Je me mis à compter les pièces, à les arranger en piles les unes à côté des autres. Je les considérai ensuite avec une singulière satisfaction; il me semblait que j'étais riche et que j'allais être plus libre de céder à mes fantaisies.

Que de passions mauvaises sommeillent au fond du cœur humain, qui n'attendent pour s'éveiller qu'une occasion favorable !

Je ne restai pas longtemps absorbé dans mes pensées de faste et de grandeur : la femme de l'ouvrier charpentier les fit envoler en me remettant une lettre assez volumineuse dont je reconnus aisément l'écriture.

Cette missive me rappela sur-le-champ l'argent qu'on m'avait avancé après ma fuite de la Trappe. Je songeai à le rembourser. J'écrivis en conséquence un petit billet à l'inconnue pour l'avertir que je tenais la somme à la disposition de la personne qui m'apporterait un mot de sa main.

Je fis, en confiant ce billet à ma messagère, d'inutiles efforts pour obtenir d'elle qu'elle me révélât le nom et la position de ma correspondante mystérieuse. Elle resta impénétrable. A peine fut-elle sortie que je me hâtai d'ouvrir la lettre. Voici ce qu'elle contenait :

« Vous allez vous éloigner, Daniel (c'était, « je crois, la première fois qu'elle me traitait « aussi familièrement), vous allez vous éloi- « gner, et nous devons nous en féliciter tous « les deux, mais pour des raisons bien diffé- « rentes.

« En quittant ce diocèse, vous fuyez des « ennemis dangereux, et vous ne laissez « qu'un souvenir adressé à une tombe; moi, « je me sépare d'un homme dont la présence « m'a toujours été fatale, — et je me sens le « courage de vons l'écrire maintenant, — d'un « homme que je n'ai pu entièrement oublier.

« Vous m'avez sans doute maudite plus « d'une fois : mon cœur n'a pourtant jamais « nourri de haine contre vous. A cette heure « même où je me promettais de rester froide

« et calme, je sens que je m'attendris. Mon « cœur se serre : il me semble que la solitude « se fait autour de moi. Je m'étais habituée à « vivre avec votre pensée ; et, quand je perdis « l'illusion dont je me berçais, je ne cessai « pas de vous chérir. J'ai tout compris ; et si « je me suis plainte, ce n'est pas de vous.

« Votre éloignement va rompre le dernier « lien qui me rattachait à vous. Je ne pourrai « plus vous voir même à la dérobée, m'oc- « cuper de vous comme autrefois.

« Mais, si mon œil bienveillant vous perd « de vue, n'oubliez pas qu'une surveillance « hostile ne vous abandonnera jamais ! Une « nouvelle carrière s'ouvre devant vous : « entrez-y avec plus de prudence que vous « n'en avez montré dans le passé, et souvenez- « vous que vous devez à votre cœur vos plus « grandes souffrances.

« J'attends, pour fermer cette lettre, quelques renseignements.......

« Je les reçois à l'instant et je continue :

« La famille au milieu de laquelle vous allez
« vivre appartient à la haute noblesse et jouit
« d'une grande considération près du clergé.
« J'aurais mieux aimé, pour vous, une cure
« de campagne hors de ce diocèse. Si je vous
« connais bien, votre rôle vous semblera pé-
» nible. Parlez peu, écoutez beaucoup. Vous
« êtes recommandé à monseigneur de... par
« un de ses anciens amis.

« Encore un mot : votre jugement est
« droit, votre imagination vive, mais votre
« cœur est trop facile, pardonnez-moi, je
« voulais dire trop aimant : surveillez-le...
« Les dames du monde ne comprendraient
« pas la tendresse dont votre âme est si riche-
« ment douée. Je déraisonne, Daniel, je vous

« fais la leçon : à mon âge, on en reçoit, mais
« on n'en donne pas.

« Adieu ! puissiez-vous être heureux ! »

Cette lecture me bouleversa. Un moment, j'entrevis la possibilité de me rapprocher de cette femme que j'avais réellement aimée. L'influence qu'elle avait exercée sur les derniers évènements, le mystère dont elle persistait à s'envelopper, tout contribuait à exciter ma curiosité et à piquer mon amour-propre. Mais aussitôt la raison éleva la voix, et le souvenir de Marguerite me rappela mes devoirs. Cependant, la nuit entière se passa dans les plus cruelles agitations. L'image de cette femme se dressait sans cesse devant moi ; en vain j'essayais d'occuper mon imagination d'autres pensées ; elle me ramenait toujours à cette idée. Je m'assoupissais un instant, c'était pour la voir en songe. Non, il n'est pas de supplice comparable à cette lutte que je dus soutenir pour rester vainqueur de ma passion.

Je reçus le matin une réponse à mon billet de la veille. On s'indignait de la proposition de rembourser l'argent qu'on m'avait prêté, ou plutôt, que je n'avais accepté qu'à titre de prêt. A mon tour, je me piquai au jeu, et je trouvai humiliant d'avoir été traité comme un indigent. Je comptai deux cents pièces de six livres, et je les remis à la femme du charpentier.

— Vous porterez cette somme à la personne qui vous a chargé de ce billet pour moi, et si elle ne veut pas la recevoir vous la garderez : elle vous appartient, lui dis-je avec un mouvement de mauvaise humeur.

Cette femme me regarda d'un air ébahi, puis elle me répondit ;

— Mais vous ne la connaissez donc pas du tout... Elle, accepter votre argent ?

— Mais ce n'est pas de l'argent que je lui offre, répondis-je, c'est de l'argent que je lui rends.

— C'est égal, puisqu'elle l'a déjà refusé, elle ne le prendra certainement pas.

— Eh, bien ! il est à vous.

Et je le jetai dans son tablier.

Il fallait que je fusse bien ignorant des choses de la vie pour n'avoir pas encore songé à ce moyen de délier une langue ; celle de ma messagère, après qu'elle m'eût adressé les témoignages d'une vive reconnaissance ne fût plus discrète qu'à demi. Lorsqu'enfin, sentant son imprudence, elle s'arrêta, il était trop tard. Je savais comment l'inconnue avait pu me couvrir de sa protection et je comprenais comment elle avait su avant moi le sort qui m'était réservé....

Mais je m'arrête : c'est de moi seulement qu'il s'agit ici ; c'est de ma vie que je dois compte au lecteur, et pour satisfaire une vaine curiosité, je ne trahirai pas un secret qui n'est pas le mien.

Peu de temps après, je reçus du grand vicaire l'invitation de me présenter chez lui. J'accourus aussitôt. Après une courte et insignifiante conversation qui avait eu lieu debout, il m'engagea à m'asseoir. Il était visiblement mal à l'aise.

Votre vie a été bien orageuse, me dit-il. On raconte de vous des choses bien coupables; sont-elles vraies?

Le rouge me monta au visage, et j'eus besoin de quelques instants pour me remettre.

— J'ignore, Monsieur, répondis-je, quelles choses on a pu vous raconter; je ne puis donc ni les confirmer ni les démentir.

— Vous avez raison, ajouta-t-il; mais enfin, avez-vous eu des relations criminelles avec une religieuse?

Cette demande fut faite d'un ton de voix amical.

Je vous ai déjà dit toute la vérité à cet égard ; je n'ai rien de plus à ajouter.

Et je sentis les sanglots me monter à la gorge. Il m'interrompit alors, et, me prenant la main.

— Je vous crois et je vous plains, mon ami, me dit-il. Vous avez été bien indignement calomnié, et c'est, en vérité, un grand bonheur pour vous que d'être éloigné de ce diocèse. Sachez-le, votre crime n'est pas votre fatale liaison..... Au surplus, vous avez apaisé vos ennemis en acceptant une transaction. Ne réveillez pas leur colère par votre indiscrétion : leur bras s'étend partout.... J'ai à vous remettre plusieurs lettres ; je vous conseille de les remettre le plus tôt possible à leur adresse. C'est là, d'ailleurs, qu'est fixée votre résidence. Vous allez vivre au milieu d'un monde auquel vous n'êtes point habitué. Votre habit et une grande réserve empêcheront que l'on vous y trouve déplacé ; veillez sur les mouvements de votre cœur : les passions sont nos incessantes et nos éternelles ennemies. La vie du prêtre est une vie de renoncement et de combat ; que le souvenir du passé vous mette en garde contre l'avenir....

J'avais entendu mille fois de pareils discours, mais ils ne m'avaient jamais touché comme je le fus alors. C'est que les lieux-communs assez vulgaires que débitait le grand-vicaire partaient du cœur et je me sentais en présence d'un homme qui compatissait à mon sort.

Lorsque je me retirai, il me recommanda de nouveau de lui écrire, aussitôt que je me serais fait une idée nette de ma nouvelle position.

Je rencontrai, dans le vestibule de l'évêché, Matelin. La vue de ce misérable suffisait pour allumer mon sang. Ma rencontre ne lui était pas plus agréable sans doute, car il tourna brusquement sur ses talons et disparut dans un couloir latéral. Je devinais en lui un ennemi, et j'étais sûr qu'il me poursuivait avec autant d'acharnement qu'autrefois.

Mes lettres étaient adressées à Mme la marquise de M. C., au château de .... en Bourgogne.

Je fis mes préparatifs de départ avec colère. La rencontre de Matelin me présageait quelque nouveau malheur; et je voulais m'éloigner au plus vite. Le lendemain je pris la diligence, et, après quelques jours de voyage, j'arrivai à ma destination.

Le château était d'une belle apparence et l'accueil que j'y reçus me le fit trouver encore plus beau. Il comptait cinq maîtres et un nombreux domestique. Le principal personnage était complètement nul; je m'en aperçus bien vite. C'était le mari, ancien émigré. Sa femme avait la haute main, et elle en était digne. Près d'elle se trouvaient deux jeunes filles dont la plus âgée avait à peine dix-huit ans, et un jeune garçon de douze à quatorze ans.

Je devais être chapelain de la maison aux appointements de 800 fr., avec la table, le logement, etc.

La marquise était une femme de quarante à quarante-cinq ans, d'une beauté mûre, mais splendide. Elle avait l'air digne, un peu hautain même. Du reste, un modèle de piété. Le mari d'une crasse ignorance, passait pour grand chasseur. Je ne crois pas que jamais idée noble ait germé dans cette nature de palefrenier et de garde-chasse. Les deux filles, raides et guindées, avaient été élevées par leur mère. Le garçon était un vaurien dans toute la force du terme.

Si je passai les premiers jours de mon séjour au château en observation, je fus aussi de mon côté soigneusement observé, non par le mari, il se connaissait peut-être en chiens et en chevaux, mais en hommes, fi donc! Non par les filles, elles se modelaient sur leur mère, mais elles ne possédaient pas sa pénétration. Le fils ne comptait pas.

Ma réserve plut à la marquise. Elle eut la bonté de me trouver l'air distingué. A cette époque, un visage pâle et ravagé était une haute recommandation dans un certain monde, et je n'avais, hélas! que trop de titres à cette faveur.

Il y a en nous une voix secrète qui nous avertit des sentiments que nous inspirons à ceux qui nous environnent. Je ne sais quoi me disait que je convenais à la marquise.

Encore sous l'impression des conseils du grand-vicaire et, le dirai-je? de ma mystérieuse inconnue, je me tins sur mes gardes. Je fus poli, parce que tout respirait la politesse autour de moi; discret, parce qu'il m'était plus facile de me taire que de parler.

Je foulais un terrain que je ne connaissais pas et sur lequel je n'avançais qu'en tremblant. Mon attitude réussit. La marquise me fit délicatement sentir qu'elle me tenait compte de ne pas avoir la morgue de mes collègues.

Je ne me dissimulais pas combien j'étais inférieur à cette grande dame en instruction et surtout pour tout ce qui touchait au monde et à ses formes; mais en même temps je me trouvais supérieur à elle quant à l'âme et aux qualités du cœur.

Son affection pour moi s'accrut de jour en jour. Je fus admis aux leçons qu'elle donnait à ses filles, et bientôt prié de la remplacer. Ma position devenait critique. Ce n'était plus là le cas de cacher son ignorance sous un silence prudent. Pour enseigner il faut parler. Je ne savais comment me tirer d'embarras; la marquise devenait pressante, et, pour comble de malheur, elle me promettait d'assister à mes leçons. L'amour-propre me suggéra l'idée de présenter comme excuse un travail littéraire qui ne me laissait pas un instant de loisir. J'obtins ainsi quelque répit.

Il fallait employer les heures que je passais dans ma chambre ; je mis en ordre les notes éparses de ma vie, et je commençai à travailler réellement à mes Mémoires. Nous étions à la fin de 1827. Les notes que j'avais prises presque jour par jour et en courant n'avaient plus besoin que d'être coordonnées de façon à former un récit. Cette occupation, choisie pour tuer le temps, devint pour moi si attrayante, que j'y consacrai bientôt la plus grande partie de la journée.

La marquise, toujours aux petits soins près de moi, s'étonnait de mon assiduité au travail, et voulait en connaître la cause et l'objet. Je me tenais sur une respectueuse défensive, et quoique la curiosité de la dame grandît en proportion des obstacles que je lui opposais, elle ne parvint pas à la satisfaire.

Ainsi se passèrent cinq semaines, durant lesquelles je fus plus heureux que je ne l'avais été depuis longtemps. J'avais oublié d'écrire au grand-vicaire, je m'en accuse humblement. Certes, je ne suis ni ingrat ni oublieux, et j'ai dû cependant paraître tel à mes amis. C'est là un défaut inhérent à ma mature, ou plutôt c'est le résultat de mon éducation excentrique. Tout entier au moment présent, je n'ai jamais su remplir les devoirs qu'impose la vie sociale.

J'étais un matin dans le parterre, lisant mon bréviaire, lorsque la marquise m'aborda.

— Monsieur le chapelain, me dit-elle, nous allons avoir un nouvel hôte. Mon oncle le général m'écrit qu'il va venir passer l'hiver au château. C'est un homme bizarre et irréligieux que l'Empire a gâté. Peut-être vous causera-t-il quelque ennui.

— Pourquoi donc, madame la marquise?

— C'est qu'il vous parlera toujours religion, et qu'il ne croit à rien.

— Je le laisserai dire, répondis-je.

— Mais vous ne le pourrez pas. Accoutumé au champ de bataille, il combat avec la langue depuis qu'il ne peut plus se servir de l'épée... Nous le ménageons, parce que mes enfants sont ses héritiers.

— Je le ménagerai aussi, Madame. Notre ministère n'est-il pas un ministère de paix.

— Que vous me faites plaisir en parlant ainsi. Votre prédécesseur avait avec mon oncle de tels débats, de si violentes querelles que j'ai été forcée, bien malgré moi, de me séparer du pauvre chapelain.

Je compris la portée de l'observation, et je répliquai à la marquise :

— Je n'aime point les discussions. Si elles pouvaient tourner à l'avantage de la religion, j'irais au devant. Quand il en doit être autrement, je m'abstiens.

— Alors, me dit-elle, vous serez l'ami de mon oncle.

— Je le souhaite, Madame, si cela peut vous être agréable.

La marquise me quitta enchantée de ma tolérance. Cette femme avait tout au plus l'écorce de la piété ; au fond, elle visait à obtenir du général qu'il constituât un majorat au mauvais petit drôle qui végétait au milieu de la valetaille, en attendant qu'en digne gentilhomme il pût aller s'asseoir comme tant d'autres sur les bancs de la pairie.

Je m'étais peu occupé de politique dans ma carrière de missionnaire, quoique mes confrères s'en mêlassent beaucoup. La vérité est que je n'avais jamais été initié aux grandes intrigues : on me trouvait sans doute trop peu d'intelligence pour espérer tirer de moi une coopération à l'œuvre commune.

Dans ma nouvelle position il me fut impossible de rester étranger à ce genre de débats. Le château recevait de nombreux visiteurs, et il ne se passait pas de semaine qu'il n'y eût de nombreuses réunions auxquelles étaient invités les curés des environs. Nous nous trouvions à une époque de fièvre, et le dîner ne finissait jamais sans qu'il s'engageât de chaudes discussions; les espérances de la noblesse et du clergé en faisaient toujours les frais.

Les grands seigneurs, ordinairement si rogues et si hautains, se mettaient de pair avec le clergé, et nous prenions cette apparente égalité tellement au sérieux que, faute de parchemins et d'ancêtres donnant le droit de placer l'aristocratique *de* en avant du nom de famille, les curés ne se désignaient plus entre eux que par le nom de leur paroisse. Ainsi, le curé Barbet, pasteur de Saint-Gilles, s'appelait Monsieur de Saint-Gilles gros comme le bras.

J'ai entendu plus d'une fois la noblesse se moquer de cette vaniteuse manie, mais ce n'était jamais qu'en l'absence des intéressés. En face elle n'avait pour eux que flatteuses paroles et doucereux compliments. Au fond elle acceptait les prêtres comme d'utiles auxiliaires bons à relever le vieil édifice gisant dans la poussière sanglante de la grande révolution. Elle avait raison en ce sens, car l'influence du clergé était vraiment énorme.

Quand les maires n'appartenaient pas à la noblesse, le curé était de fait le maître de la commune, et dans tous les cas il avait voix prépondérante au chapitre. Aussi les prétentions de notre classe allaient-elles jusqu'à l'extravagance. J'ai entendu, pour ma part, discuter sérieusement la question de savoir s'il ne serait pas nécessaire, pour le bien de l'autel et du trône, d'écarter de toutes les fonctions publiques les hommes soupçonnés de ne pas pratiquer la religion selon les commandements de l'église. Il était sérieusement question, dans les conciliabules, d'accorder au clergé une indemnité pour la spoliation dont il avait été victime, à l'imitation de celle que les émigrés avaient obtenue comme dédommagement des « vols révolutionnaires. » Si les prêtres n'eussent consulté que leur goût ils auraient donné la préférence au rétablissement de la dîme, qui leur promettait plus d'influence et de profit.

Pauvre France ! on te croyait donc bien riche que l'on ne craignait pas d'avoir épuisé ton sang précieux en tirant de tes veines l'indemnité aux alliés, l'indemnité aux émigrés, les dons autorisés, etc., etc.

Le point auquel le clergé attachait le plus d'importance était le monopole de l'instruction publique ! Dans leur ignorance profonde de notre histoire, la plupart des prêtres attribuaient à la mauvaise direction de l'éducation générale la révolution de 89...

On ne voudrait pas me croire si je rapportais ici les confidences qu'échangeaient les vieux nobles et les curés. La jeune noblesse, élevée dans une atmosphère libérale, mieux instruite, d'ailleurs, parlait avec plus de réserve et de sens ; mais les hommes de l'émigration, les vétérans de l'armée de Condé, les têtes poudrées, n'avaient pas fait un pas depuis près de quarante ans. La grande voix de la Constituante proclamant la souveraineté du peuple du haut de la tribune nationale, n'était pas parvenue jusqu'à eux. « Ils avaient des oreilles et n'entendaient point, des yeux et ils ne voyaien pas... »

III

L'éducation, les préjugés et les privilèges exercent une bien irrésistible influence, puisque nous autres humbles prêtres, sortis des dernières classes de la société, nous à qui le peuple, à défaut de nos parents presque tous trop pauvres, accordait le denier de la charité pour nous nourrir et nous élever, nous nous unissions, aussitôt que nous portions une soutane, à ceux que nos pères avaient considérés comme leurs oppresseurs et traités comme tels ! Il est vrai que le mot d'ordre nous arrivait d'en haut et que nous avions abdiqué la plus belle prérogative de l'homme : la liberté de penser et d'agir conformément aux inspirations de notre conscience. Aussi à chaque instant l'orgueil du prêtre recevait-il de rudes atteintes. Une soumission aveugle ne garantissait même pas contre la disgrâce des supérieurs. Du soir au matin, une mutation ruineuse jetait sur la grand'route, avec meubles et bagages, M. de Saint-Gilles ou M. de Saint-Germain qu'on envoyait changer de nom dans une autre paroisse. Je ne citerai qu'un fait entre mille.

Un jour de nombreux convives, pour la plupart ecclésiastiques, s'étaient assis à la table de la marquise. La conversation, dans une réunion où dominent les prêtres, prend une tournure toute particulière. Quand elle ne roule pas sur les grands intérêts du clergé, il n'est question que de sermons, de conversions, de dons, de charités, de fondations pieuses, de miracles, de réparations d'église ou de presbytère.

Ce jour là, c'était d'un presbytère qu'on parlait.

M. de Saint-Lager, — tel était le nom de la paroisse qu'occupait en ce moment le fils d'un ménétrier de campagne, — M. de Saint-Lager donc, racontait, dans le plus grand détail, les embellissements qu'avait reçus son presbytère. Après nous avoir conduits au jardin, dont il compta chaque pied d'arbre fruitier planté de sa main et en plein rapport, il nous introduisit dans la maison; dans la cuisine, remarquable par sa propreté, dans la salle à manger, chaude en hiver, fraîche en été. De la chambre à coucher qui avait vue sur une campagne riante, nous entrâmes à sa suite dans un petit salon dont les boiseries peintes depuis peu s'embellissaient encore de gravures de choix et d'un précieux crucifix d'ivoire...

— Et tout cela coûte?... demanda un curé.

— Tout cela coûte, reprit modestement M. de Saint-Lager, la somme de six mille livres, dont la paroisse n'a payé que le quart.

— En vérité, ajouta un autre prêtre, les paroisses ne montrent guère de libéralité pour leurs pasteurs, dans un temps où tout le monde se vante d'idées libérales!

On trouva ce mauvais jeu de mots charmant. Les prêtres ne sont pas difficiles en fait d'esprit.

— J'ai un peu travaillé pour moi, reprit M. de Saint-Lager. Je n'ai pas d'autre désir que de finir ma carrière dans ma paroisse.

Il est bon de noter en passant que ce curé, qui n'avait plus qu'une passion dominante, le luxe de l'ameublement, avait été possédé d'une ambition effrénée qui l'avait rendu insupportable à l'évêché quelques années auparavant.

La marquise, avec sa grâce ordinaire, le remercia de vouloir bien rester dans le voisinage du château.

Cependant, M. de Saint-Lager jouissait, avec la modestie qui distingue les gens de sa robe, et de la jalousie secrète de ses confrères, envieux, pensait-il, de sa charmante habitation, et des éloges de la marquise, qui m'avaient semblé légèrement ironiques, lorsqu'un valet vint le prier de sortir un instant. Je le vois encore se lever la tête haute, resserrer sa ceinture, que beaucoup de prêtres ont la sage habitude de relâcher en se mettant à table, et se rendre d'un air fier à l'invitation du laquais.

A peine était-il sorti, qu'un curé, à museau de renard, commença de blâmer les folles dépenses du confrère et parla du bien qu'il eût pu faire aux pauvres de sa paroisse et à sa famille, s'il se fût contenté d'une habitation plus modeste. Or, ce curé si charitable, qui s'appelait

M. de Champignelle, du nom de sa paroisse, passait pour avare, et je crois qu'on ne le calomniait pas. On l'accusait aussi de prêter ses économies à un taux fort élevé, et quand ses confrères, en train de railler, le lui reprochaient :

— *Facite vobis* thesaura *de mammonâ iniquitatis*, répondait-il d'un ton benin, et il continuait de pratiquer le précepte qu'il s'était approprié par son ingénieuse variante.

Les observations de M. de Champignelle ouvrirent la porte à la critique : chacun lâcha son épigramme. Je regardais la marquise : sa figure exprimait un singulier mélange de satisfaction et de déplaisir. Elle aimait les prêtres parce qu'il était de bon ton d'être dévôt ; mais leur sotte vanité, leurs prétentions et surtout leur manque de savoir-vivre, la blessaient souvent. Ses yeux rencontrèrent les miens et sa physionomie devint immobile.

— Allons, Messieurs, dit-elle presque aussitôt, imitez en petit M. de Saint-Lager ; votre existence est assez pénible pour que vous recherchiez au moins les commodités de la vie intérieure. Faites de vos presbytères de jolis petits ermitages, qui aient assez de charmes pour vous fixer longtemps parmi nous.

Au moment où M. de Champignelle allait répondre, M. de Saint-Lager rentra, le visage pâle et les traits altérés. Il venait de recevoir l'ordre de se rendre sans délai dans une toute petite commune à l'autre extrémité du diocèse. A cette nouvelle, tous mes confrères en soutane baissèrent les yeux et restèrent froids. Pas une parole de consolation ne sortit de ces bouches ouvertes tout à l'heure pour le blâme. Le coup partait de l'évêché et le troupeau servile craignait, en parlant, de se compromettre.

Le cœur compatissant de la femme se montra seul en ce moment. La marquise se leva, prit elle-même un flambeau, et, adressant une légère inclination de tête à la muette assemblée, elle pria le curé disgracié de la suivre dans son appartement.

Le bruit des fourchettes et des verres avait cessé, et le silence qui pesait sur nous n'était interrompu que par quelques soupirs qui accusaient les préoccupations intérieures de certains convives. Notre état d'asservissement nous apparaissait dans son effrayante nudité, mais les visages parlaient seuls.

C'était donc une disgrace? Quelle en était la cause? Ces questions étaient sur toutes les lèvres, mais nul n'osait les faire tout haut : si les murs ont des oreilles, les prêtres ont souvent, de plus que les murs, des langues dangereuses pour leurs collègues.

Le marquis, dont je n'ai pas encore parlé parce que, dès qu'il s'agissait d'autre chose que de chasse, de chiens ou de chevaux, il restait bouche close, le marquis prit cependant la parole à mon grand étonnement.

— Messieurs, dit-il d'un ton pénétré, je me reprocherais de disposer de cette façon du dernier de mes valets....

Cette réflexion tomba de tout son poids sur mon cœur. Qui pouvait mieux que moi en apprécier la justesse ?

Les curés s'éclipsèrent les uns après les autres, et je me trouvai bientôt seul avec le marquis ; il souffrait évidemment. Cette rude nature façonnée à la vie de gentilhomme campagnard était meilleure au fond que je ne l'avais supposé. Il est certain que, l'orgueil mis à part, on trouve dans l'ancienne noblesse plus d'élévation et d'humanité que dans les rangs des parvenus. Pendant toute la soirée, le marquis se promena les mains derrière le dos, le nez au plafond, lâchant de temps en temps quelque gros juron de chasseur.

Lorsque je me trouvai seul, je l'avoue à ma honte, la disgrâce du curé de St-Lager me causa cette égoïste satisfaction que l'on éprouve à sentir que l'on n'est pas seul à souffrir ; le joug épiscopal pesait donc sur d'autres aussi bien que sur moi. Lorsque j'en vins à réfléchir plus sérieusemeut à l'organisation du clergé, je compris que c'était précisément de l'asservissement complet de ses membres qu'il tirait sa force. Il n'y a dans un diocèse dont l'évêque n'est pas dominé par son chapitre qu'une seule et unique volonté, qui ne rencontre ni obstacle ni résistance. Une telle organisation peut bien paraître contraire à l'esprit de liberté de l'Evangile, mais, à coup sûr, elle est un instrument parfait de domination. Aussi, le bas clergé se compose-t-il actuellement d'hommes morts à la pensée, à la volonté, à l'action spontanée. C'est, en un mot, un corps sans âme, recevan l'inspiration de ses supérieurs et obéissant en esclave. . . . .

Le lendemain, j'appris que la marquise était partie pour la ville. De son côté, le maire de la commune de Saint-Lager colportait une demande à l'évêque pour qu'il laissât dans sa paroisse le curé. Mais les riches propriétaires ne s'empressaient pas d'apposer leurs noms, et la pétition n'obtint, en définitive, que quatre signatures. Ce fut un enfant mort-né qu'on enterra sans bruit, et dont le retour de la marquise démontra d'ailleurs l'inutilité : la grande dame n'avait rien obtenu malgré son crédit. Les causes de la disgrâce de M. de Saint-Lager n'étaient pourtant pas graves. Par malheur, l'évêque, vieillard entêté et accoutumé à une obéissance passive, ne voulut pas revenir sur sa décision, prise, du reste, à l'instigation d'un chanoine qui avait un neveu à pourvoir.

Depuis que j'habitais le château, ma vie moins

tourmentée, mon âme plus calme, le contact d'une société instruite et polie, m'avaient inspiré le désir de refaire ou plutôt de commencer mes études. Mon excellente mémoire me servait admirablement, mais je manquais de méthode, et j'entassais les notions les plus variées sans acquérir une véritable et solide instruction.

Il est plus difficile qu'on ne saurait le croire, à un homme élevé dans un séminaire, de recommencer le travail de son éducation : on n'aborde les sciences philosophiques ou naturelles qu'en tremblant de tomber dans l'erreur, et les préventions contre les auteurs qui peuvent le mieux dégager la pensée de ses entraves sont telles, qu'elles tiennent la raison en lisière et l'arrêtent à chaque pas. Puissance de l'éducation première ! Nous tenons avec obstination à ce que nous avons appris dans notre enfance, et nous rejetons presque toujours sans examen tout ce qui nous paraît y être contraire.

Cela n'aide-t-il pas à comprendre pourquoi le clergé poursuit avec tant d'obstination la conquête de l'instruction publique ?

La bibliothèqne du château, fort bien composée, était à ma disposition ; je passais les jours et une partie des nuits à lire. Ce genre de vie avait presque effacé de mon cœur mes anciennes préoccupations. J'étais entré dans une vie nouvelle où chaque jour m'apportait de nouvelles et pures jouissances. J'étais trop heureux pour que ce bonheur durât.

Un soir, après m'être retiré dans mon appartement, je m'aperçus que j'avais laissé un ouvrage qui m'intéressait vivement sur une cheminée où l'on déposait assez ordinairement les livres et les papiers ; je descendis sans bruit pour aller y prendre mon volume. Le domestique qui rapportait tous les jours de la ville les journaux et les correspondances avait placé son paquet sur la tablette. Ce paquet couvrait l'ouvrage que je cherchais. En le soulevant, je fis tomber plusieurs lettres sur le parquet. Je me baissai pour les ramasser, et l'une d'elles attira mon attention. C'était, me semblait-il, l'écriture du père M..., de ce jésuite qui avait aidé à me spolier. Je tournai et retournai longtemps la lettre entre mes doigts. Elle était à l'adresse de la marquise, et j'éprouvais une violente tentation de l'ouvrir. Cependant je parvins à vaincre mes coupables pensées, et je me retirai dans une disposition d'esprit bien différente de celle que j'apportais en descendant au salon.

Je ne me suis jamais complètement débarrassé de mes instincts superstitieux ; mon imagination aidant, je me crée, sur le moindre prétexte, des malheurs imaginaires, et comme il est arrivé trop souvent qu'ils se sont réalisés, ma disposition à ajouter foi aux pressentiments s'en est naturellement augmentée.

Il me fut impossible de continuer la lecture de mon livre.

— Comment se fait-il, me demandais-je, que le père M... soit en correspondance avec la marquise ? Je sais que les missions ne l'ont jamais amené en Bourgogne : c'est donc moi qui suis la cause et l'objet de cette correspondance ?

A plusieurs reprises, l'envie de savoir ce que contenait la lettre mystérieuse me domina tellement que je fis un mouvement pour me lever ; mais je fus toujours arrêté par la crainte des suites de ma mauvaise action.

Je n'avais pas remis à l'évêque de D. la lettre du grand-vicaire de Rennes ; je n'avais pas écrit à ce dernier, quoiqu'il m'en eût prié ; depuis que j'étais au château, je n'avais pas reçu une seule lettre de la Bretagne. Alors je me reprochai, mais trop tard, ma négligence et mon oubli ; je sentis que je perdais ainsi par ma faute, tous mes moyens d'appui, que je m'isolais, et que je me livrais sans armes aux attaques de mes ennemis. Le père M. était du nombre, et je ne croyais pas possible qu'il me pardonnât jamais le mal qu'il m'avait fait.

Il ne me vint pas une seule fois à la pensée, pendant la nuit, que cette lettre pouvait peut-être avoir trait aux cinq mille francs que l'on me devait encore. Ce ne fut que le matin, en ouvrant machinalement mon bréviaire, que cette idée se présenta à mon esprit. Le modèle de quittance que m'avait laissé l'homme d'affaires de l'évêché de Rennes se trouvait plié en deux dans la partie du livre qu'on récite en hiver. J'ouvris le papier, et jugez de ma surprise : l'écriture du corps de la quittance avait disparu ; la date seule était encore visible ; tout le reste de la feuille était blanc !

Dès que la marquise m'aperçut, elle m'appela et me dit d'un ton enjoué :

— Comment, Monsieur l'abbé, vous ne nous aviez pas dit que vous étiez riche comme un petit Crésus! Voici un billet de 5,000 francs que vous irez toucher à D... aussitôt qu'il vous plaira. Mais croyez-moi : tardez le moins possible; mieux vaut tenir que courir.

Elle me remit alors le billet : c'était le complément de l'indemnité que les bons Pères avaient bien voulu m'accorder.

La marquise aurait voulu me faire parler; mais je me tenais sur mes gardes. J'étais préoccupé de cette idée que la lettre du père M... devait avoir un autre but que le simple envoi du billet. N'était-il pas beaucoup plus simple, en effet, de me l'adresser directement, au lieu de me le faire parvenir par l'intermédiaire de la marquise? A moins pourtant que l'on eût voulu me faire comprendre que je n'étais pas digne de correspondre avec les saints personnages qui écrivaient...

Quoi qu'il en soit, je pris ma lettre de recommandation pour l'évêque, et je partis pour la ville dans l'intention de la remettre en mains propres et de toucher mes 5,000 francs. La voiture de la marquise était à ma disposition ; j'en profitai.

A quelque distance du château, je rencontrai l'oncle annoncé. Ainsi, à mon retour, j'allais me trouver en face du champion que je m'étais engagé « à ménager » sans qu'il en coûtât le plus léger sacrifice à mes goûts éminemment pacifiques, je dois le confesser.

Je me hâtai d'expédier mes affaires pour aller à l'évêché. Je trouvai dans l'antichambre de Monseigneur un laïc et trois prêtres. Deux d'entre eux se tenaient à l'écart et chuchottaient tout bas ; le troisième paraissait plongé dans des réflexions qui, à en juger par son attitude et le jeu de sa physionomie, ne devaient être rien moins qu'agréables. Quant au laïc, homme de bonne mine, à figure ouverte et décidée, il se promenait de long en large sans rien dire.

Nous vîmes sortir de la salle d'audience de Monseigneur un ecclésiastique, le tricorne sous le bras, les cheveux bouclés, la ceinture flottante et l'escarpin ciré. Il jeta sur nous en passant un coup-d'œil rapide. fit une légère inclination de tête et s'éloigna. La présence du coquet abbé avait produit une certaine impression sur le prêtre qui méditait seul dans un coin : le sang lui était monté au visage et de ses yeux avait jailli comme un éclair de haine. Presque immédiatement après on l'appela. Il était évident qu'il n'entrait qu'avec répugnance chez l'évêque.

Les deux autres ecclésiatiques le suivirent de l'œil puis se regardèrent en souriant : cet homme allait recevoir une verte semonce.

Bientôt, en effet, le son de la voix aigre de

Monseigneur parvint jusqu'à nous malgré les deux portes fermées qui nous séparaient de son cabinet. J'éprouvai un peu de curiosité et j'adressai à mes confrères quelques questions auxquelles ils répondirent avec la plus grande réserve. Cependant je pus comprendre que le prêtre dont je m'occupais avait encouru le mécontentement de l'évêque pendant une visite pastorale. Il ne tarda pas à sortir. Il était si pâle et si défait qu'il me fit pitié. Les deux autres prêtres affectèrent de ne pas le voir.

C'était le tour du laïc; mes collègues réclamèrent la préférence près de l'huissier. Pendant qu'il faisaient valoir leurs privilèges, le bourgeois entra résolument et les portes se refermèrent derrière lui. Nous entendîmes encore un bruit de voix; mais le son en était plein, grave et ferme; ce n'était pas Monseigneur qui parlait le plus haut. Les deux prêtres prêtaient une oreille attentive mais n'échangeaient aucune observation ; je les gênais, je m'éloignai. L'audience durait depuis près d'une heure et la conversation devenait plus bruyante, lorsque la porte s'ouvrit brusquement et j'entendis le laïc s'écrier :

— Eh bien ! Monseigneur, nous aviserons.....

Et il sortit ayant l'air assez contrarié.

Les deux autres prêtres furent introduits ensemble ; leur audience me parut d'une longueur désespérante. Lorsqu'ils sortirent ils me parurent peu satisfaits.

C'était donc enfin à moi de paraître devant cet évêque qui renvoyait tout son monde mécontent ; j'éprouvai une légère appréhension. Je n'ai jamais eu beaucoup d'assurance en me présentant devant les grands ; et puis un évêque, fût-il le fils d'un meunier, n'en est pas moins un prince de l'Église, et ce titre impose toujours un peu.

Monseigneur était un grand vieillard bien conservé, à l'œil fier, au maintien froid et impérieux. La couleur de son visage ne trahissait pas le secret de ses jeûnes et de ses abstinences.

A quelque distance, un ecclésiastique écrivait, courbé sur un bureau. Sa physionomie me sembla malicieuse et rusée. A mon approche, il se leva et dit quelques mots à l'oreille de l'évêque. Celui-ci me regarda un instant avec hauteur, puis il me demanda sèchement ce que voulait de lui un prêtre étranger à son diocèse.

— Je désire, répondis-je en m'inclinant profondément, remettre cette lettre à votre grandeur.

Il la parcourut lentement. Pendant que mes yeux interrogeaient ses traits, l'autre ecclésiastique me regardait en dessous.

— Ah! c'est vous qui êtes le chapelain de madame la marquise de...? Je m'étonnais de ne pas vous avoir encore vu dans mon palais épiscopal. Vous ne mettez pas beaucoup d'empressement, l'abbé, à vous acquitter des commissions qu'on vous donne.

Au lieu d'essayer de trouver une excuse, je gardai le silence.

— Vous connaissez beaucoup madame la marquise? ajouta-t-il... J'ai été obligé de la contrarier dernièrement : les affaires du clergé ne peuvent être réglées que par le clergé. Vous a-t-elle paru blessée de mon refus, monsieur l'abbé?

— Madame la marquise, répondis-je, sait tout le respect qu'elle doit aux décisions de votre grandeur; elle est de trop bon lieu pour ne pas s'y soumettre.

Le secrétaire se tourna à demi vers moi; puis il jeta les yeux sur l'évêque.

— Au fait, reprit ce dernier, ce curé scandalisait par ses folles dépenses et par le luxe de son ameublement : un prêtre est un humble serviteur de Jésus-Christ...

Il s'inclina ; l'autre prêtre se signa, et je l'imitai.

— Il doit rechercher la simplicité en tout et partout...

Cette observation était faite dans un appartement richement tendu et meublé d'une manière somptueuse.

— Madame la marquise, continua-t-il, aura, j'en suis sûr, à se louer deson nouveau pasteur.

Un sourire de satisfaction passa sur les lèvres du secrétaire.

Ma réponse laudative avait paru plaire à Monseigneur ; il daigna continuer à m'interroger.

— Votre position chez madame la marquise doit être douce et agréable, monsieur le chapelain ?

— Les personnes de haute lignée, répliquai-je modestement, respectent l'habit que je porte et sont indulgentes pour leurs inférieurs.

L'évêque appartenait à une grande famille : il sourit légèrement.

— Vous avez su mériter l'intérêt de M. P... (il nomma le grand-vicaire qui m'avait remis la lettre) : c'est un noble cœur; je l'ai beaucoup connu durant l'émigration. A-t-il?...

Il s'arrêta.

— Mais vous devez être fatigué : revenez bientôt me voir.

Et il me congédia d'un geste de la main.

Je sortis en me félicitant de la réception de l'évêque. Cependant j'avais souffert de la hauteur de ses manières, et surtout des regards investigateurs du prêtre qui assistait à mon audience.

Lorsque je retournai à mon hôtel, j'y trouvai l'intendant du château. L'arrivée du général nécessitait des approvisionnements, et nous ne devions repartir que le lendemain.

Je me trouvai placé à la table d'hôte à côté du laïc qui m'avait précédé chez l'évêque. Il me reconnut et me demanda comment j'avais été reçu.

— Parfaitement, répondis-je.

— Monseigneur, se prit-il à dire en riant, avait donc gardé toute son amabilité pour vous seul ?

Alors il raconta tout haut qu'ayant jugé à propos d'aller se plaindre, comme maire, à l'évêque, des entraves qu'apportait à son administration le curé de sa commune, sa grandeur l'avait fort mal accueilli et lui avait fait observer que la France, sous le sceptre de ses princes légitimes, les fils aînés de l'église, était revenue aux saines pratiques de la religion... . . .

— C'est possible, ai-je répliqué, mais la religion n'a rien à voir dans l'administration civile d'une commune, et je prie votre grandeur de le rappeler à mon curé, son subordonné... Foi de Jean Reynaud, ajouta le maire en frappant sur la table, j'ai vu le moment où monseigneur allait quitter les hauteurs de la sainteté pour descendre dans les basses régions de la colère ; mais nous connaissons nos droits et ne nous effrayons pas pour si peu. J'ai averti l'évêque que puisqu'il ne voulait pas aviser, moi Jean Reynaud je prendrais ce soin.

La conversation devint générale et prit bientôt une tournure si embarrassante pour moi, que je me décidai à me lever de table et à manger dans ma chambre.

J'aurais pu ce jour-là, si mon opinion n'eût été déjà faite sur ce point, acquérir la pleine et entière conviction que l'esprit du clergé était antipathique à la France. A cette époque, la fermentation sourde qui couvait depuis longtemps contre le parti-prêtre commençait à se manifester au grand jour. Quand on veut faire marcher les gens à reculons, il faut les mener doucement : en allant trop vite, le clergé d'alors manqua son but.

Il est singulier, du reste, que les hommes qui doivent connaître l'action puissante qu'exerce l'éducation sur les esprits n'aient pas compris qu'une génération qui avait grandi au milieu des idées révolutionnaires, ne pouvait pas si brusquement faire volte-face et s'acheminer vers le passé à la queue des processions de missionnaires, avec croix et bannières et accompagnement de litanies. Les jeunes gens eux-mêmes se souvenaient encore des *Te Deum* de l'empire et des aigles qui brillaient au-dessus de l'étendard tricolore...

IV

Le soir même je reçus de l'évêque l'invitation de me rendre à son palais. Il me reçut à merveille. Monseigneur était descendu de son piédestal et daignait presque causer comme un simple mortel. Il me parla longuement du grand-vicaire de Rennes : ils avaient été intimement liés pendant l'émigration et avaient habité deux ans ensemble l'Italie. Sa grandeur avait oublié que j'étais un simple prêtre et elle fut réellement pour moi d'une bonté parfaite. Il est vrai qu'il ne s'agissait entre nous que de choses étrangères à la subordination et à la hiérarchie.

Lorsque je me retirai, l'évêque m'engagea à passer chez son secrétaire. Celui-ci m'accueillit avec un langage mielleux et des formes caressantes.

J'avais déjà assez vécu dans le monde pour savoir que l'on ne témoigne autant de bienveillance à un étranger que lorsqu'on attend de lui quelque chose en retour. J'attendais le mot de l'énigme : le secrétaire ne tarda pas à me le donner. On exigeait de moi deux choses : le curé de canton n'inspirait pas de confiance ; ses relations avec les autres curés étaient trop intimes, ce qui rendait sa surveillance insuffisante. On me priait d'éclairer monseigneur à ce sujet. Je devais l'honneur d'être choisi pour cette mission confidentielle à ma situation particulière. Etranger au diocèse, par conséquent désintéressé dans le débat, placé de plus au centre des réunions des prêtres du canton, je pouvais mieux que personne bien voir ce qui se passait. Le pays que j'étais chargé d'observer renfermait un grand nombre d'électeurs mal pensants, et il fallait agir avec ensemble pour obtenir des résultats favorables.

La seconde partie de ma mission était plus difficile à remplir : ce n'était rien moins qu'une conversion politique qu'on voulait obtenir de mon zèle. Le général, oncle de la marquise, jouissait d'une très-grande influence dans un bourg voisin. Soldat de l'empire malgré ses titres de noblesse, il s'était prononcé ouvertement, sous la restauration, en faveur des idées libérales. Il fallait essayer d'amener chez lui un revirement complet d'opinion.

Promettre d'obéir était facile, mais ma première tentative en matière de conversion avait été si malheureuse que je me défiais de moi, et ne comptais guère sur le succès. Quoiqu'il en soit je pris l'engagement que l'on me demandait.

A mon retour au château je trouvai le général installé et se conduisant beaucoup plutôt comme un maître que comme un hôte. Il me devenait nécessaire de l'observer : j'y apportai toute mon attention. Il approchait de soixante ans ; sa tête chauve, ses moustaches blanches, sont front ridé, lui donnaient au premier abord l'aspect d'un vieillard, mais son œil était resté vif, sa taille droite, et, en somme, il me parut un vigoureux compère.

Il me toisa d'un air fort impertinent et ouvrit le feu contre moi aussitôt que nous nous trouvâmes assis à la même table. La marquise nous examinait avec anxiété. Je restai calme et silencieux. Ce genre de résistance n'accommodait guère un agresseur qui voulait à tout prix batailler.

— Chère nièce, dit-il en s'adressant à la marquise, vous avez fait une acquisition fort rare dans la personne de votre chapelain : il a tout ce qu'il faut d'humilité chrétienne pour se taire....

— Et tout ce qu'il faut d'indulgence pour écouter, répliqua vivement la marquise.

— Oh ! oh ! s'écria le général en se renversant dans son fauteuil, je vois que j'ai enfin trouvé à qui parler. Vous relevez le gant, chère nièce, mais je ne le jette jamais aux dames.

— Et pourquoi cela ? reprit-elle.

— Pourquoi ? pourquoi ? la belle demande ! Vous savez bien que je n'ai jamais fait la guerre aux femmes.

Ma position était délicate, je voulus en sortir.

— Monsieur le général, dis-je à mon tour, je n'ai pu prendre pour une attaque personnelle ce que vous avez dit à madame la marquise. Vous avez parlé d'humilité ; c'est une vertu qui devrait être attachée à notre condition. Me l'attribuer serait me flatter, car j'ai encore beaucoup à faire pour mériter cet éloge.

— Bien ! reprit le général ; mais vous ne refuserez pas à un pauvre pécheur les conseils qu'il vous demandera quelquefois pour rentrer dans la voie du salut.

— Notre mission est d'éclairer les hommes, répondis-je, mais, pour le faire, il faut avoir beaucoup de confiance dans ses lumières, et je vous avoue que j'en ai peu dans les miennes quand il s'agit d'éclairer un esprit aussi cultivé que le vôtre.

— Ah ! monsieur le chapelain, interrompit le général en riant, vous êtes modeste et adroit complimenteur. Savez-vous que vous devenez dangereux ?

La marquise fut charmée de la tournure qu'avait prise la conversation ; mais, de peur de quelque pierre d'achoppement, elle la porta sur d'autre sujets : c'était assez que notre première rencontre ne m'eût pas été défavorable.

Le général, naturellement causeur, était intarissable quand il s'agissait de politique. Il traçait de la chambre des députés un portrait comique et désolant tout à la fois. Il avait une grande expérience des hommes et des choses et il ne se gênait pas pour en dire franchement son avis. C'était là ce qui contrariait le plus la marquise et pouvait seul peut-être troubler son calme inaltérable. Aussi, quand elle devait converser avec les curés et quelques hobereaux du pays, les entretenait-elle à huis-clos, et non plus à table, comme autrefois.

Les invitations étaient moins fréquentes, et, quoique les ecclésiastiques ne se montrassent qu'en visite de cérémonie au château depuis l'arrivée du général, celui-ci trouvait toujours l'occasion de leur lâcher quelques bordées. Pour se venger, les curés des environs ne l'appelaient jamais entre eux que l'ante-christ.

Je ne sais si le général, avec sa pénétration ordinaire, avait deviné que je ne ressemblais pas à la plupart de mes confrères, ou si ma résignation l'avait désarmé, toujours est-il qu'il me laissa en repos, à la grande surprise de tout le monde. Bien plus, il ne tarda pas à me montrer une certaine affection. Je devins son compagnon de promenade le matin avant le déjeuner. Sa conversation m'intéressait au plus haut point. Les affaires publiques étaient le sujet ordinaire de nos causeries. Sa vue commençait à baisser et il me priait souvent de lui lire les journaux ; je le faisais d'autant plus volontiers qu'après cette lecture le général se livrait à des commentaires qui m'apprenaient à connaître la situation politique du pays. Parfois, cet homme dont l'âge n'avait pu glacer la chaleur d'âme, se laissait emporter à de violentes sorties contre la marche du gouvernement des Bourbons, et l'avilissement des chambres. En ces occasions, il devenait vraiment éloquent.

— Mons l'abbé, me disait-il un jour, voilà des gens qui nous mènent tambour battant vers quelque terrible catastrophe... Que peut-on attendre d'hommes qui n'ont ni dignité de caractère, ni foi politique, ni sentiment national ; qui se laissent acheter comme des prostituées, et qui vendraient la France s'ils trouvaient un acheteur...

J'essayais de profiter de ces entretiens pour l'amener au but que j'avais ordre de lui faire atteindre ; mais je n'avais ni le talent ni la science nécessaires pour lutter contre ce rude jouteur. Il me répondait en me priant de relire les débats des chambres.

— Et vous voudriez, me demandait-il ensuite, que je descendisse dans ce bourbier ? Si mon uniforme est propre, je ne veux pas le salir.

Un matin que je lui avais lu plusieurs journaux, et entre autres les feuilles royalistes que recevait la marquise, au lieu de se livrer à ses emportements ordinaires, il resta longtemps méditatif, puis il me dit :

— Tenez, Mons l'abbé, ces imbéciles méditent quelque chose.... Ils trouvent qu'ils ne vont pas encore assez vite en démoralisant l'esprit public, en corrompant la nation jusque dans la moëlle des os ; ils veulent tenter quelque coup d'état.... Monsieur le chapelain, ne vous laissez enjoler par personne ; vous ne savez pas ce que c'est qu'un grand peuple qui se lève dans sa colère...

Je ne demandais pas mieux que de suivre les conseils du général ; mais comment rester neutre dans un château où tout le monde prenait parti, et en vivant sous la dépendance absolue de gens qui saluaient déjà l'aurore du retour de la monarchie absolue?

Je faisais de mon mieux pour nager entre deux eaux. La réserve dans laquelle je m'étais renfermé jusque-là me vint en aide et m'épargna le reproche de montrer trop de tiédeur. Afin d'avoir plus d'occasions de me soustraire aux réunions politico-religieuses je crus pouvoir confier à la marquise la mission « si honorable » que j'avais reçue et qui concernait le curé de canton.

— Je le savais me dit-elle. Sa grandeur vous a goûté et je crains de ne pas vous garder longtemps au château. Le ciel, ajouta-t-elle d'un ton dévot, semble promettre des jours plus heureux à la France : l'église doit reprendre son lustre, le trône retrouver sa noble indépendance; espérons...

Le jour même j'allai rendre une visite au curé de canton. Il était âgé, peu soigneux de sa personne et fort modestement meublé. Sa réception fut cordiale quoiqu'il ne m'eût vu qu'une seule fois au château. A dîner nous eûmes un troisième convive, le maire du bourg, riche propriétaire qui devait sa richesse à la révolution. Il avait conservé l'administration de la commune, grâce à sa famille dont l'influence était dominante dans le pays. Il me parut contraint au commencement du dîner. Peu à peu le curé, que la conscience de son indépendance mettait à l'aise, amena la conversation sur le terrain des affaires publiques.

Le maire, acquéreur de biens nationaux, tremblait pour sa fortune, se montrait soucieux de l'avenir et parlait en conséquence.

Je me repentis d'être venu chez le curé, car je sentis alors combien ma mission était délicate. Cependant, sans avoir d'idées arrêtées sur ce que je ferais, je n'en suivais pas moins avec attention la conversation, désireux que j'étais de savoir si l'esprit de la moyenne propriété était tel qu'on le dépeignait au château. Mon attitude froide et contenue mit un instant le curé sur ses gardes, et il essaya de tourner en plaisanterie tout ce qu'il avait déjà dit. Le maire, qui s'était un peu monté la tête, allait son train et raisonnait en homme à qui l'intérêt personnel a fait étudier de près la marche des événements politiques. En somme, je trouvai dans les deux causeurs plus de bon sens et de justesse d'esprit que chez les discoureurs du château. Le curé me frappa surtout quand, laissant enfin de côté toute réserve, sous l'influence de quelques verres d'excellent vin de Bourgogne, il se mit à l'unisson du maire. Ce fut là que, pour la première fois, j'entendis parler de la nécessité de rendre inamovibles les desservants et les autres membres du bas clergé. A cette époque cette proposition me parut si audacieuse que je cessai de prendre part à la conversation.

— Peut-être si vous étiez inamovible, oseriez-vous causer avec nous, me dit le curé avec bonhomie : mais soyez sans inquiétude, ce ne sera pas moi qui instruirai l'évêché, si par hasard il vous échappait quelques paroles contraires à l'obéissance...

— Passive, aveugle et stupide, ajouta le maire.

L'observation du curé me fit monter le sang au visage : j'avais honte de moi.

Je conclus de tout ce que j'entendis que plusieurs desservants pensaient comme le curé et trouvaient trop lourd le joug épiscopal, aggravé qu'il était par le poids de l'entourage de Monseigneur.

— Mon canton est presque à l'index, me dit mon hôte en riant. Il paraît que c'est une terre d'une culture ingrate ; car on a beau changer les curés, on ne peut en venir à bout. Il est vrai que, sur une douzaine de prêtres qui desservent ce fatal canton, on en peut compter au moins trois qui n'ont point tenté d'empiéter sur l'autorité administrative.

— S'ils eussent préparé de jolis petits presbytères à la convenance des favoris de l'évêché, il y a longtemps qu'ils seraient en route, dit le maire, échauffé outre mesure par le vin.

J'étais sur les épines ; ma conscience m'adressait les plus vifs reproches. Mon caractère répugnait invinciblement à jouer une seconde fois le rôle du petit séminaire. C'était cependant le meilleur moyen d'arriver à quelque chose.

Le canton du curé mon hôte était plus libéral que tous les cantons voisins. Les propriétaires fonciers les plus importants s'étaient enrichis par l'acquisition des biens nationaux, et ils tenaient aux principes de 89 ; mais, de même que tous les hommes qui possèdent, ils redoutaient une révolution : ils craignaient d'être dépouillés comme l'avaient été leurs prédécesseurs. Ils étaient donc hostiles à tout changement dans la forme du gouvernement actuel ; mais ils détestaient les nobles et les prêtres comme leurs ennemis naturels.

Très certainement la frénétique ardeur du clergé fut la principale cause des évènements qui suivirent de près l'époque dont je parle. Il y a, dans les populations, même au fond des campagnes, une haine sourde contre le clergé. Le jour où, privé de l'appui du gouvernement, il serait abandonné à lui-même, il lui faudrait se renfermer strictement dans ses attributions s'il voulait ne pas périr. Déjà, de toutes parts, en 1828, j'entendais mes confrères se plaindre de l'insolence et de l'irréligion du peuple : le prêtre était le point de mire de la médisance et de la calomnie.

Aussi avec quelle ardeur, quel dévoûment,

quel zèle ses partisans cachaient-ils ses fautes et même ses crimes ! N'ai-je pas entendu citer Contrafatto comme une victime de l'impiété du siècle?...

Lorsque je quittai le presbytère, je me livrai à de tristes réflexions : ma conduite me paraissait vile et indigne d'un homme de cœur. J'étais mécontent des autres et de moi-même. Etait-ce donc une loi fatale de ma condition de ne jamais agir sous l'impulsion de ma conscience ! Fallait-il cesser d'être un homme, abdiquer ma volonté pour devenir une machine obéissante entre les mains d'autrui ?...

A mon retour au château, je trouvai ses hôtes absents : des visites d'affaires ou de cérémonie les avaient éloignés pour quelques heures. Le jeune fils de la marquise, méchant garnement dont j'ai déjà dit un mot, représentait seul sa noble famille, et il s'y prenait singulièrement. Il s'était procuré, je ne sais comment, un certain nombre de pétards, qu'il trouva plaisant de faire éclater sous les fenêtres de l'appartement de sa mère, où se tenait une femme de service. Une des fusées, après avoir brisé un carreau de la fenêtre de la chambre à coucher, alla éclater auprès du lit, mit le feu aux rideaux, puis bientôt au lit même, aux tentures et enfin aux boiseries.

Avertis par les cris de la femme de chambre, les valets accoururent avec moi. Je fis enfoncer la porte ; l'appartement était en feu. Le courant d'air donnait plus d'activité au foyer d'incendie, et les flammes menaçaient d'embraser les appartements supérieurs. Je me précipitai aussitôt sur un petit meuble qui contenait les papiers de la marquise, et, avec l'aide des valets, je le transportai dans l'antichambre ; mais le feu nous gagnait ; je donnai l'ordre de descendre le meuble par une croisée qui s'ouvre sur un jardin. Dans leur précipitation et leur trouble, ceux qui le soutenaient le laissèrent échapper ; il tomba sur les marches de la terrasse, s'ouvrit et les papiers s'éparpillèrent de tous les côtés. Après les avoir ramassés en toute hâte dans un énorme panier, que je fis porter dans ma chambre, située à l'autre aile du château, je continuai de m'occuper de l'incendie.

Un grand réservoir, sous les combles, alimentait un jet d'eau placé en face de la maison ; il était heureusement plein. Je fis rompre un des tuyaux et inonder la chambre placée au-dessus de celle de la marquise. Faute de pompe, les fermiers et les valets remplirent le vestibule et la chambre à coucher des fumiers de la basse cour, et nous arrêtâmes ainsi les progrès du feu, qui ne tarda pas à s'éteindre.

Complètement rassuré, je pus songer enfin à aller prendre un peu de repos.

Le panier qui contenait les correspondances de la marquise avait été déposé sur ma table.

Tout y était pêle-mêle, lettres et papiers. Je voulus mettre un peu d'ordre dans ce fouillis; mais, je puis le dire sans souiller ma conscience d'un mensonge, je n'eus pas un instant la pensée de profiter de l'occasion pour pénétrer les secrets de la marquise. Deux petites liasses de papiers avaient déjà été mises de côté, et je continuais de ranger les lettres en les classant selon leur dimensions lorsque je reconnus sur l'adresse de l'une d'elles l'écriture du père M. Je fis mal, je l'avoue, et j'en rougis encore, mais je veux dire toute la vérité : je ne pus résister à la tentation; j'ouvris la lettre et je la lus tout entière.

Le père M. paraissait connaître la marquise de longue date, non pas de *visu* et personnellement, mais grâce aux correspondances que les jésuites avaient coutume d'entretenir avec toutes les personnes haut placées sur l'échelle sociale. Il parlait beaucoup de moi, et ce qu'il en disait était empreint d'une charité hypocrite qui eût suffi à me perdre dans l'esprit d'une personne moins intelligente que la marquise.

La correspondance avait dû continuer. Je recherchai les autres lettres; j'en retrouvai quatre.

La première, sans intérêt pour moi, avait été écrite quelques jours avant qu'on me fit l'offre d'une indemnité en échange du désistement de mes prétentions au domaine de Glenans.

Dans la seconde lettre, on remerciait la marquise de se prêter aux saintes et charitables vues de la compagnie, « en acceptant « pour chapelain un jeune prêtre (c'était moi) « qu'on voulait éloigner du diocèse, parce « que, bien que recommandable sous beau- « coup de rapports, il s'était laissé entraîner « par des passions, hélas! trop naturelles, et

« avait ainsi, malheureusement, causé quel-
« que scandale. » Les autres épîtres insinuaient à la marquise l'idée d'exercer sur moi une surveillance continuelle, et témoignaient du désir qu'avaient les bons pères d'être instruits de mes paroles et de ma conduite. Tout cela, bien entendu, dans le but le plus louable. On m'éloignait du diocèse, non pas pour s'assurer la tranquille possession de la propriété qu'on m'avait extorquée, — fi donc ! songeait-on seulement à ces biens terrestres ? — Mais
« dans l'intérêt de mon salut et pour l'édifica-
« tion des fidèles !... »

Mon indignation fut aussi violente que si j'eusse appris pour la première fois dans quelles voies tortueuses marchait le père M. pour arriver plus sûrement à ses fins. Tout d'abord, je voulais m'emparer de ces lettres, aller trouver la marquise, et tout lui révéler ; mais, s'il est vrai que nos premiers mouvements soient les meilleurs, du moins ne faut-il pas que la colère les inspire. La réflexion me ramena à la juste appréciation des faits : j'étais pris comme dans un étau, et, si je voulais vivre, je devais me taire. Du reste, heureusement, la marquise ne revint que le lendemain au château; car, en dépit des conseils de la raison, j'aurais, dans le premier moment, commis quelque imprudence dont les suites pouvaient avoir une incalculable influence sur mon sort.

Plus calme, j'achevai de rétablir l'ordre dans les papiers. Ce fut un tort. Si je les eusse laissés pêle-mêle comme je les avais trouvés, j'aurais éloigné de moi tout soupçon ; mais je n'ai jamais su calculer les conséquences d'une action mauvaise, et y parer d'avance par quelque adroite précaution.

A l'exception des lettres du père M..., je n'en ouvris pas une seule : je me permis seulement de chercher l'indication du lieu d'où elles venaient.

Pour être complètement vrai, je dois confesser cependant que je parcourus encore un billet qui était daté de l'évêché, et cela parce que mon nom se trouvait à la première ligne. Monseigneur témoignait de son bon vouloir pour moi et demandait à la marquise des renseignements confidentiels sur ma personne et sur mes mœurs. Cette lettre, qui avait suivi ma visite au palais épiscopal, ne contenait d'ailleurs rien dont je pusse me plaindre.

Lorsque j'appris que la marquise était revenue, je lui fis remettre ses papiers. Mes efforts pendant l'incendie et surtout mes inquiétudes m'avaient causé une extrême fatigue, et je n'avais pas assez de force pour me lever.

L'empressement au moins singulier avec lequel la marquise envoya demander des nouvelles de ma santé, me montra l'imprudence que j'avais commise en lui permettant de soupçonner que, peut-être, je ne m'étais pas contenté de mettre en ordre sa correspondance. Comme rien ne pouvait lui prouver que j'eusse lu ses lettres, je résolus d'user de dissimulation et de nier imperturbablement. Mais j'avais affaire à forte partie, et je sentis le besoin, avant de paraître devant la marquise, de me mettre en état de bien jouer le rôle auquel me condamnait ma faute.

Le marquis et le général vinrent me visiter et me complimenter sur ma conduite durant l'incendie.

Les accidents qu'on répare avec de l'argent sont bientôt oubliés chez les gens riches. Quelques jours après, tout était rentré dans l'ordre ordinaire au château. Le petit drôle auteur du mal ne reçut même pas une mercuriale.

La marquise m'observait et cherchait toutes les occasions de me faire causer. Je la voyais manœuvrer pour se rencontrer avec moi et je m'arrangeais de façon à éviter le tête-à-tête. La victoire me resta, mais je m'aperçus bientôt que la dame ne me voyait plus du même œil qu'auparavant.

Le départ du général était encore éloigné; mais soit qu'il s'ennuyât, soit qu'il eût affaire ailleurs, toujours est-il qu'il se décida brusquement à nous quitter.

J'allais donc me trouver presque seul avec la marquise et je redoutais fort cette perspective; aussi redoublai-je d'attention pour ne pas me laisser surprendre.

Mes précautions furent vaines.

Un matin après le déjeuner, la marquise me retint au salon. Tout prétexte de fuir me manquait; je fis contre mauvaise fortune bon cœur et je me préparai à subir l'inévitable assaut.

— Convenez, Monsieur le chapelain, me dit

la dame de l'air le plus gracieux, que vous faites mentir le vieux proverbe : « Franc comme un Breton ! » Depuis que vous êtes parmi nous, non-seulement vous ne nous avez jamais rien confié, mais vous ne nous avez même pas dit un mot de votre chère Bretagne. J'aimerais cependant à vous en entendre parler. Avec votre imagination poétique vous pourriez cependant nous faire de beaux récits de vos landes désertes, de vos marais silencieux, de vos bois sombres, de vos côtes battues par une mer orageuse, que sais-je encore ?..... Pourquoi donc nous priver de ce plaisir ?...

J'entrevis le piège.

— Si j'avais l'imagination que vous me supposez, Madame, je la mettrais à votre service, trop heureux de pouvoir vous être agréable ; mais que voulez-vous que sache et que puisse dire un pauvre enfant du peuple ?...

Elle m'interrompit en souriant :

— Oh! je vois que vous avez profité dans la société du général!

— Eh bien! oui, Madame, repris-je, je suis un pauvre enfant du peuple. Mes premières années se sont écoulées dans ces landes solitaires que vous connaissez mieux que moi. Pour les considérer sous leur aspect poétique, j'aurais eu besoin de la culture de l'esprit; il eût fallu surtout que mon entourage ne m'entretînt pas sans cesse de la nécessité de gagner mon pain à la sueur de mon front : mon peu d'intelligence ne m'a pas permis de trouver le moyen de le gagner assez vite pour qu'il me restât le temps de penser.

— Soit, me dit-elle ; mais vous avez reçu de l'éducation au séminaire, et vous avez enfin revu vos campagnes dans une disposition d'esprit plus convenable pour en apprécier la beauté.

En me forçant de me replier vers le passé,

elle atteignit son but. Les souvenirs me revenaient en foule, et je sentais un attendrissement involontaire me gagner. Elle s'en aperçut.

— Allons, soyez aimable, dites-moi ce que vous éprouvâtes alors : votre âme, votre cœur, toutes vos facultés aimantes durent être singulièrement agitées quand vous revîtes le hameau natal, n'est-ce pas ?...

Je frissonnai. L'image de Marguerite se dressa dans mon souvenir ; puis, franchissant d'un bond la distance qui séparait notre première entrevue de sa mort, je me trouvai en esprit sur le bord de sa tombe. Mon cœur se serra, mes yeux se remplirent de larmes ; je me levai brusquement et je sortis.

Je n'osai pas descendre à l'heure du dîner. Les plaies de mon âme s'étaient rouvertes, et j'avais honte de ma faiblesse.

On va toujours au cœur d'une femme, en

lui montrant une souffrance véritable. La marquise me le prouva à notre première entrevue ; elle fut pour moi d'une bienveillance qui ressemblait à la tendresse d'une mère.

— J'ai réveillé dans votre âme des souvenirs pénibles, me dit-elle d'une voix affectueuse. La curiosité de la femme a toujours fait du mal... Pardonnez-moi.

— Tout autre que vous, Madame, en me rappelant mon passé, ne m'eût pas trouvé, je l'avoue à ma honte, plus fort, que vous ne m'avez vu. La soutane qui couvre ma poitrine ne m'a pas mis à l'abri des souffrances réservées au cœur de l'homme. Je n'ai plus d'espoir qu'en Dieu...

L'habitude de prononcer cette phrase l'amena sur mes lèvres sans que j'y songeasse. Elle produisit pourtant un certain effet sur la marquise.

— Vous êtes bien jeune, me dit-elle, pour

ne rien espérer de la raison et ne rien attendre du temps.

— Je suis résigné, répondis-je afin de rompre la conversation.

Une glace que brisa le jeune héritier dans le salon voisin vint fort à propos à mon aide et me permit de m'esquiver. Cependant je sentais combien ma position était fausse, et je cherchai le meilleur moyen d'en sortir.

En me conformant aux désirs que l'évêque m'avait manifestés par l'organe de son secrétaire, je pouvais espérer une amélioration ou tout au moins un changement dans ma situation. Le métier qu'on voulait me faire faire est trop utile à l'autorité ecclésiastique, pour qu'elle n'encourage pas par ses faveurs ceux qui s'y livrent; mais le rôle d'observateur m'inspirait une trop profonde aversion pour que je pusse me décider à le remplir... Une fois lancé dans la voie de l'espionnage, il ne m'aurait plus été permis d'en sortir. Enfin, en remplissant mal ma mission, j'encourais, me disais-je, au moins l'indifférence de l'évêque, les soupçons et peut-être l'inimitié du secrétaire.

Tout bien calculé, rester au château et attendre me parut ce qu'il y avait encore de mieux.

V

Depuis le départ du général, les dîners politiques se renouvelaient plusieurs fois la semaine, et les prêtres, nos convives ordinaires, parlaient sans contrainte. Un avenir de gloire et de prospérité inouïe s'ouvrait devant eux. « Le roi, les ministres, l'armée, les fonctionnaires de toutes les classes leur appartenaient. Quels obstacles avaient-ils à craindre? les chambres elles-mêmes ne leur étaient-elles pas toutes dévouées? Le jour du triomphe de l'autel et du trône avait lui : on pouvait entonner *l'hozanna in excelsis...* »

Il est vrai de dire que la marche des affaires publiques justifiait jusqu'à un certain point les orgueilleuses prétentions et les folles espérances du clergé. A la cour, les hauts dignitaires se jetaient à l'envi dans la dévotion ; des maréchaux de l'empereur accompagnaient les processions avec des cierges, et pairs et députés en faisaient autant. Pas n'est besoin d'ajouter que dans les provinces, au fond des plus petites bourgadcs, les fonctionnaires publics, imitant ces nobles exemples, servaient de cortège aux curés, dans les cérémonies religieuses. Etonnez-vous maintenant que le clergé perdît la tête?

Le maire d'une des communes du canton fut dénoncé au procureur du roi pour n'avoir pas voulu accompagner la procession de la

Fête-Dieu. On en destitua un autre parce qu'il avait dit à deux nouveaux époux, trop pauvres pour payer au curé de la paroisse les frais de la cérémonie de l'église, qu'ils étaient bien et dûment mariés et que leurs enfants seraient légitimes. Evidemment, parler ainsi, c'était attaquer la religion et préparer le renversement du trône.

Je ne sais où on avait été pêcher les procureurs du roi de cette époque; ils étaient tous plus royalistes que le roi, plus catholiques que le pape, plus moraux que la morale elle-même.

A table, les curés disaient : mon maire, comme un grand seigneur dit : mon intendant, mon valet.

— Mon maire voulait faire ceci, mais j'y ai mis le holà! s'écriait l'un d'eux.

— Ils ont encore trop de levain révolutionnaire dans le sang! reprenait un autre...

On passait en revue les fonctionnaires, comme aux premiers jours de la restauration; on les classait selon leurs opinions. J'ai vu déposer sur la nappe, au moment du dessert, une longue pancarte où se trouvaient inscrits et annotés les noms de tous les agens du gouvernement, depuis le plus élevé jusqu'au modeste garde-champêtre.

Dans les conférences, plus d'un D, signe de de doute, se métamorphosait en B ou en M, suivant que le fonctionnaire comptait plus ou moins d'amis ou d'ennemis dans l'assemblée.

Je n'ose parler des pauvres instituteurs laïcs : tous avaient un M gigantesque accolé à leur nom. Il était même, dans le voisinage, un maître de pension qui avait obtenu l'honneur de la note particulière : à côté de l'inévitable M, on lisait ces mots : *Très dangereux*. Jamais une parole, jamais un sentiment de charité. Si une voix s'élevait, c'était pour accuser encore, et si parfois on hasardait un conseil de modération, c'est qu'il semblait à quelques-uns que, pour rendre les coups plus terribles, il ne fallait pas trop se hâter de frapper. En somme, il y avait parti pris, et l'on parlait comme de l'action la plus indifférente de livrer au mépris public et de priver de moyens d'existence les instituteurs laïcs, eussent-ils femmes et enfants.

Cette vie d'intrigue me déplaisait : il y avait en moi quelque chose qui se révoltait contre cet impitoyable fanatisme. Aussi je me retirais dans la bibliothèque le plus souvent qu'il m'était possible de le faire sans éveiller les soupçons, et là je travaillais avec ardeur. Mais je portais en moi une soif inextinguible d'affection, et ces besoins de mon cœur que rien ne venait satisfaire me tourmentaient singulièrement.

L'existence retirée que j'avais choisie, loin de calmer ces passions, les irritait davantage. Mieux eût valu me mêler aux intrigues, y prendre part, afin d'user à tout prix l'activité fiévreuse de mon esprit.

Ma sensibilité devint si excessive que je ne pouvais plus m'approcher d'une femme sans éprouver un tremblement nerveux et de douloureuses palpitations de cœur. Mes nuits se passaient dans des luttes qui laissaient après elles une horrible fatigue. Averti par moi, mon directeur de conscience me prescrivit le jeûne et un exercice violent. Rien n'y faisait. Durant plusieurs jours je restai des heures entières, à demi caché par les rideaux, à dévorer des yeux les servantes de basse-cour et à épier le passage des femmes de chambre.

J'étais réellement malade.

J'allai consulter un médecin renommé. Il ne parut pas surpris de mon état. Il me fit d'abondantes saignées, me mit à un régime débilitant, et grâce aux bains, aux évacuations sanguines, aux viandes blanches et aux légumes, mes sens se calmèrent peu à peu.

Je commençais à retrouver le repos lorsque je reçus une lettre de nature à me rejeter dans le trouble et dans l'agitation. Elle était de l'inconnue, si je puis encore lui donner ce titre après les indiscrétions de la femme du charpentier. Voici textuellement sa lettre, sauf deux phrases que la discrétion me fait un devoir de supprimer.

« J'ai compté les mois, les jours, les heures, « les minutes depuis votre départ, espérant « toujours que quelque circonstance favorable « m'apporterait de vos nouvelles ; j'ai vainement attendu. Quoi ! vous n'avez pas trouvé « dans votre âme un seul souvenir pour votre « pays, pour votre passé ?

« Je vous avais jugé d'après moi : j'avais

« tort. Tenez, Daniel, je préférerais l'exis-
« tence de la plus humble servante, avec le
« repos, à la vie que je mène. Votre indiffé-
« rence m'a d'abord irritée, puis j'ai songé à
« la faiblesse de votre cœur, et je ne sais si je
« ne dois pas plutôt vous plaindre que vous
« maudire.

« Vous êtes donc bien heureux dans le
« grand monde, que vous n'avez pas adressé
« un seul mot de reconnaissance au seul
« homme qui vous ait secouru dans ces der-
« niers temps? . . . .

. . . .

« Vous avez rejeté avec orgueil le peu que
« vous avait offert un cœur tout dévoué; à
« l'ingratitude vous avez joint le mépris le
« plus amer. Quel crime ai-je donc commis
« pour vous montrer sans pitié?

« Je vous ai supplié de me rendre mes let-
« tres; vous n'avez pas même daigné me ré-

« pondre. Vouliez-vous donc en faire parade?
« Peut-être déjà une oreille étrangère a-t-elle
« reçu la confidence des égarements d'une
« malheureuse jeune fille que vous n'avez pas
« eu le courage de ramener dans la voie de la
« raison. C'est vraiment bien généreux! . . . .

. . . .

« Grâce à vous, je sais déjà tout ce qu'un
« amour sans espoir peut faire éprouver de
« douleurs. Je crains maintenant de ressentir
« tout ce que la haine inspire, et je suis libre
« de mes actions! . . . . .

« La femme à laquelle vous avez fait don
« de ce que vous m'envoyiez dans votre or-
« gueilleux mépris tient cette somme à votre
« disposition : elle n'a pas besoin des secours
« d'autrui, Elle habite rue Vasselot, n. 1, et
« vous prie de ne pas la laisser plus long-
« temps dépositaire de ce qui vous appar-
« tient. »

La lecture de cette lettre me jeta dans une sorte de désespoir. Au premier moment, je n'en compris pas le véritable sens ; je m'attachais aux mots sans leur donner de signification réelle, et, sous le coup des remords de mon cœur, je m'exagérais même l'étendue de mes torts. Mon stupide orgueil me révoltait et je souffrais d'autant plus, qu'avec un amour-propre aussi susceptible que le mien, on n'accepte pas volontiers le mépris d'une femme dont on posséda la tendresse. Ma tête était un chaos où les idées les plus folles, les plus contradictoires, s'entrechoquaient dans une étrange confusion ; tour à tour le mépris rallumait mon amour mal éteint, la vanité blessée aiguillonnait ma colère, et j'étais furieux contre moi-même de ne pouvoir haïr...

S'il était possible de lire dans l'âme des hommes voués au célibat, on verrait que je suis loin d'exagérer en peignant leurs tortures ;

on verrait qu'en réalité la vie de presque tous est un long supplice, et peut-être, lorsque quelques crimes horribles conduisent en cour d'assises ceux qui ont violé leur serment au prix de leur repos, aurait-on pitié de ces malheureux en considérant l'affreuse condition que leur a faite une loi inhumaine. Savaient-ils, pouvaient-ils soupçonner, avant de se lier pour toujours, ce que renferme ce mot : le célibat? Ne leur parle-t-on pas sans cesse d'une force divine qui les soutiendra aux heures des tentations?

Le jeune homme qui s'engage dans l'état ecclésiastique ignore encore la violence des passions. Il a passé sept ou huit ans dans le séminaire, où tout est mis en usage pour les amortir; il en sort persuadé que Dieu a des grâces particulières pour les hommes qui tendent à ce degré de perfection que l'on nomme chasteté du corps et du cœur. Mais moi, je les ai demandées mille fois à genoux, les mains jointes, dans la sincérité de mon âme, ces grâces particulières, et j'ai succombé sous la puissance de la chair ! Mais les solitaires de la Thébaïde, les pères du désert, s'imposaient les jeûnes les plus rigoureux, se lacéraient le corps, se roulaient sur les sables brûlants, dormaient couverts d'un cilice sur la terre nue, et voyaient encore dans leur délire les courtisanes romaines assiéger leur couche !....

L'homme réformer l'œuvre de Dieu ! n'est-ce pas, dites-le moi, vous qui vous appelez les serviteurs de Dieu ! n'est-ce pas une abominable impiété ?...

Trois jours entiers, jours de luttes, de remords, de pensées charnelles et de souffrances morales, s'écoulèrent avant que j'eusse pris assez d'empire sur moi pour ne pas céder au désir de renouer une correspondance fatale ; enfin, la raison l'emporta.

Depuis ma première liaison, bien des années s'étaient appesanties sur ma tête ; et d'ailleurs la douleur vieillit vite. J'essayai d'écrire ; mais j'étais toujours arrêté par la difficulté d'annoncer en termes convenables ma détermination bien arrêtée de rompre toute relation. Je laissais toujours en cet endroit percer un regret ou une espérance. Hélas ! je voulais concilier deux choses incompatibles : les entraînements de la passion et les exigences de la raison.

Enfin, après avoir recommencé vingt projets de lettre, je finis par celle-ci, qui était peut-être la plus mauvaise de toutes :

« Votre lettre m'a cruellement frappé, ma-
« demoiselle ; elle contient des reproches vrais,
« et je n'aurai pas assez du reste de ma vie pour
« me repentir. Ce que vous appelez le grand
« monde n'a pas eu sur mon cœur la puissance
« que vous lui supposez, et personne n'a en-

« tendu la lecture de vos lettres, personne n'a « reçu de confidences indiscrètes, croyez-le bien!

« Je suis voué au malheur; je mourrai sans « avoir connu la vie, mais non sans avoir beau- « coup aimé, beaucoup souffert. Où en serions- « nous pourtant aujourd'hui si nous avions cédé « au penchant qui nous entraînait l'un vers l'au- « tre! Pardonnez à un malheureux qui fut plus « faible que coupable; votre pardon est ce qu'il « désire aujourd'hui le plus au monde. Serez- « vous assez généreuse pour le lui accorder? Ma « vie est triste, si triste que j'ai le droit de vous « dire : gardez vos souffrances, et ne les changez « pas contre les supplices que j'éprouve.

« Si la femme à qui j'ai remis la somme que « je devais à votre générosité la refuse, vous « trouverez d'autres malheureux qui ne la refu- « seront pas de votre main. Je vous en supplie, « ne m'humiliez plus en me parlant encore de « ce dépôt.»

« Ma position présente est douce, sous bien
« des rapports ; cependant, je ne la supporte
« qu'avec peine, et je vis bien plus dans le passé
« que dans le présent. Que le ciel vous accorde
« ce que j'ai perdu, ce que je ne retrouverai
« jamais : la paix de l'âme. S'il me reste du
« courage, c'est le courage du désespoir...

« Soyez sans inquiétudes sur vos lettres. Je
« ne m'en séparerais pas sans un cruel chagrin.
« Elles me serviront plus d'une fois d'enseigne-
« ment et de consolation. « Adieu. »

Je fermai brusquement ce billet, et je l'envoyai sous une double enveloppe à l'adresse qu'on m'avait indiquée; puis, conformément au plan que je m'étais tracé, je fréquentai plus souvent les maîtres du château. J'allai même jusqu'à accompagner le marquis à la chasse, et je m'attirai ainsi ses bonnes grâces. La marquise me trouva plus enjoué, plus ouvert. Ah! si son œil pénétrant eût pu lire dans mon cœur !... Je visitai tous mes confrères des environs ; en un mot, je combattis par le mouvement extérieur les tourments de l'esprit. Le succès couronna jusqu'à un certain point mes efforts; mais ce fut surtout à la lecture et à l'étude que je dus mon plus grand soulagement.

Sur ces entrefaites, le secrétaire de l'évêché m'adressa une lettre confidentielle. Il me donnait avis que le successeur du desservant de la paroisse de Saint-Lager allait se rendre à son poste; « qu'on verrait avec plaisir, ajoutait-il, « que je m'entendisse avec lui au sujet de la « mission qui m'avait été confiée. Je recevrais « prochainement des instructions plus détaillées « que rendaient nécessaires des changements « espérés et presque certains. » Enfin, cette lettre se terminait par l'assurance « de la sa- « tisfaction que ma conduite causait à Monsei- « gneur..»

Je conclus de tout cela que la marquise, souhaitant m'éloigner, avait employé un moyen aussi habile que délicat pour atteindre son but, et qu'elle m'avait recommandé en faisant valoir mon empressement à me conformer aux ordres de l'évêché. Mes suppositions étaient fondées, et j'en eus bientôt la preuve; mais je ne pouvais soupçonner qu'elle avait été jusque là de me présenter comme un sujet précieux, surtout parlant avec une rare facilité. C'était pourtant l'exacte vérité.

Le successeur du curé de Saint-Lager n'était autre que cet ecclésiastique si pimpant que j'avais vu sortir le premier de l'audience de l'évêque. Il me parut ignorant, plein de lui-même et fort ambitieux. Son plus grand mérite consistait à avoir un oncle, chanoine influent. Dès notre première entrevue je l'avais jugé, et mon rôle devenait facile. Quoiqu'il eût reçu des instructions qui lui prescrivaient de prendre en tout mes avis, il était si disposé à se mettre en évidence que j'en profitai pour rester à l'écart, le laissant agir à sa guise. Je le gagnai ainsi, et je pus me dispenser de prendre part aux tripotages dans lesquels on avait voulu me mêler.

Libre de toute préoccupation extérieure, je n'eus plus qu'à veiller sur ma conduite vis à-vis de la marquise ; mais je n'avais pas trop de tout mon temps et de toute mon attention pour marcher droit et éviter les fondrières.

Les prévenances de la dame redoublaient ; elle s'évertuait à éveiller mon ambition en me laissant entrevoir le plus brillant avenir. Mais, guidé par l'instinct ou par la réflexion, je découvrais derrière tout cet étalage de bonnes dispositions et de tendre intérêt, le désir de m'éloigner du château. J'avais la même envie, mais je voulais prendre mon temps et choisir, cette fois, une position qui me donnât plus d'indépendance que par le passé. Le poste de curé de canton me convenait ; la difficulté était de l'obtenir par des voies honnêtes et légitimes. Je savais bien d'autres moyens plus courts et plus faciles pour arriver à mes fins, mais je m'étais tracé un plan de conduite dont je ne voulais pas me départir, et il ne me convenait pas de prendre les chemins de traverse.

Enfin je reçus l'invitation de me rendre au secrétariat de l'évêché. Impatientée sans doute de mon apathie, la marquise s'était décidée à prendre l'initiative. On me reçut à bras ouverts ; le curé de Saint-Lager avait loué mon dévoûment, et la marquise avait renchéri sur l'éloge.

Lorsque le secrétaire me demanda compte de ma mission, je répondis simplement que je n'avais rien à ajouter aux renseignements donnés par le jeune curé, et tout fut dit sur ce point. Nous abordâmes ensuite la question qui m'était personnelle. Le terrain avait été soigneusement préparé par la marquise. Pour me prouver l'intérêt qu'elle me portait, le secrétaire, dont je m'étais acquis les faveurs je ne sais comment, crut devoir me lire les lettres dans lesquelles elle parlait de moi à l'évêque. Les termes en étaient aussi flatteurs qu'on les puisse imaginer ; mais, au point de vue où j'étais placé, il m'était facile d'en deviner le sens et d'en apprécier la véritable portée.

Les correspondances que j'avais eues à ma disposition pendant quarante-huit heures étaient donc bien importantes ou bien étranges, que la marquise se donnât tant de peines pour m'éloigner et me ménager en même temps? Très certainement elle me croyait plus instruit que je l'étais réellement. Je n'avais lu, en effet, que ce qui me concernait, et c'était déjà trop. Quoi qu'il en soit, elle montrait une affectueuse insistance pour obtenir qu'on me donnât de l'avancement.

Les avances du secrétaire ne rencontrèrent

chez moi ni éloignement ni empressement ; la faiblesse et l'éducation du séminaire m'avaient enseigné la dissimulation. Je n'eus point d'audience de l'évêque : mais on me répéta sur tous les tons que sa grandeur était contente de moi et que je devais m'attendre à quelque insigne faveur.

Je retournai au château muni de ces douces espérances. J'y fus accueilli par la marquise avec cet empressement et ce sourire toujours gracieux auxquels elle m'avait accoutumé. J'affectai de mettre de l'abandon et une grande simplicité dans le compte que je lui rendis de mon voyage. Son masque ne la couvrait plus qu'à demi : —n'étais-je pas trop niais pour soupçonner son jeu, et fallait-il se donner tant de peine pour me tromper ?

A entendre la bonne dame, le château ferait une perte irréparable si j'acceptais les faveurs de Monseigneur. J'étais presque accusé d'ingratitude ; je sacrifiais « mes amis » à mon ambition.... « Mais aussi, pourquoi reprocher aux gens qui sentent en eux le génie des grandes choses le désir de chercher un théâtre plus élevé qu'un poste obscur au fond d'un château ? N'était-ce pas tout naturel ? »

J'avais l'air de donner dans le panneau, et la marquise, malgré sa pénétration, son habitude des hommes et des choses, y fut complètement prise. Le petit prêtre dama le pion à la grande dame rompue aux plus subtiles intrigues de la cour et du clergé. Me trouvant si benêt, — qu'on me passe le mot, — elle alla jusqu'à me parler du service que je lui avais rendu en sauvant ses correspondances de l'incendie, et elle me remercia d'avoir mis un peu d'ordre dans des papiers étrangement bouleversés.

Je voulus qu'elle restât dans l'incertitude jusqu'au bout, et je protestai que quoiqu'il m'eût llu employer une grande partie de la nuit à la besogne, je ne regrettais pas le temps que j'y avais consacré, heureux que j'étais de lui avoir épargné quelque peine.

Son œil interrogeait le mien pendant que je parlais : mais mon regard n'exprimait qu'une candide bonhomie.

— Bah! bah! Monsieur l'obligeant, me dit-elle, vous n'avez pas poussé cependant la complaisance jusqu'à mettre les lettres par ordre de dates. J'ai trouvé encore bien de la confusion après votre travail.

— J'étais un peu pressé, répondis-je.

— Ah çà! franchement, combien cela vous a-t-il pris de temps?

— En vérité, Madame la marquise, je l'ignore. Lorsque je crois faire quelque chose qui puisse vous être agréable, je n'ai pas l'habitude de compter les heures.

Elle était trop habile pour insister davantage, et nous nous séparâmes sans qu'elle sût un mot de plus. Je mettais d'autant plus d'obstination à rester muet, que je la voyais préoccupée du désir de me faire parler.

Quelques jours après cette petite escarmouche, elle me pria un matin de passer au salon.

— Monsieur le chapelain, me dit-elle tout d'abord d'un air très sérieux, n'avez-vous pas eu une liaison en Bretagne, et n'est-ce pas là la cause de votre changement de diocèse ?

Le ton avec lequel cette apostrophe m'était adressée à brûle-pourpoint, le regard qui accompagnait les paroles, me surprirent ; cependant, je pus me contenir.

— J'ignore de quelle liaison Madame la marquise veut me parler, répondis-je, et j'attends qu'elle s'explique.

— Avec une jeune personne qui plus tard devint religieuse.

Le souvenir de Marguerite m'impressionnait toujours profondément; je répondis avec émotion :

— Le fait est vrai, Madame; mais nous n'avons jamais eu ni l'un ni l'autre à rougir de cette liaison. Elle a fait deux victimes : l'une ne souffre plus parce qu'elle est morte, et l'autre, Madame, et c'est moi, souffrira toujours.

La figure de la marquise avait changé d'expression; son œil si sévère tout à l'heure exprimait un bienveillant intérêt.

— Ah! me dit-elle, je comprends maintenant pourquoi vous vous êtes attendri lorsque je vous ai parlé de la Bretagne. Ne soyez pas confiant à demi : les femmes aiment, vous le savez, les récits où le cœur joue le grand rôle. Dites-moi tout, je vous écoute et suis prête à pleurer avec vous.

J'étais ému, je le suis encore en écrivant ces lignes.

— C'est un bien triste et un bien court récit que vous me demandez, Madame... Je l'aimais. Pour me décider à me faire prêtre, on me persuada qu'elle n'existait plus. On la trompa comme moi, et elle devint religieuse. Depuis, je ne l'ai revue qu'une fois derrière la grille de son couvent; puis elle est morte, et moi, j'ai eu le malheur de lui survivre : voilà tout.

La marquise ne me tint pas quitte. Il fallut entrer dans les plus minutieux détails. Je ne songeais plus à dissimuler, mon cœur débordait; je pris un triste plaisir à raconter tout le passé.

L'expression d'une passion vraie, d'un sentiment sincère et profond exerce toujours sur l'auditeur une sorte d'action magnétique. La marquise subit cette influence. Lorsque j'eus achevé, elle me prit la main et me dit :

— Pourquoi ne l'ai-je pas su plus tôt?

Puis elle ajouta brusquement, mais avec un accent de sollicitude :

— Vous avez un ennemi !... N'avez-vous pas été adjoint à quelques missionnaires ?

— Oui, madame.

— Vous savez qu'on m'a écrit ?

— Je le sais.

— Avez-vous parcouru ma correspondance ?

— J'ai lu les lettres du père M., et pas d'autres.

Elle me regarda d'un air singulier.

— Vous avez lu *seulement*, reprit-elle en insistant sur ce mot, les lettres du père M. ?

— Je vous l'affirme ; j'ai lu seulement ces lettres, répondis-je avec un tel accent de vérité qu'elle ne pouvait douter de ma sincérité.

Elle me serra la main vivement et me dit avec un inexprimable sentiment de satisfaction :

— Je vous crois... Vous êtes un galant homme!.,.

Et elle s'arrêta, comme pour se donner le temps de contenir sa joie. Puis, quelques instants après, elle reprit :

— Vous avez été franc avec moi ; je suivrai votre exemple. J'ai voulu votre avancement par intérêt pour moi ; je le veux aujourd'hui, par intérêt pour vous. La marquise de... protége ses amis avec autant de chaleur qu'elle en met à poursuivre ses ennemis. Monsieur l'abbé, vous êtes un honnête homme ; comptez sur moi.

A partir de ce moment jusqu'au jour où je quittai le château, je trouvai en elle une amitié loyale et sans réserve. J'appris alors à connaître le cœur de cette femme. Mal partagée du côté de son mari, elle avait tourné toute l'activité de son esprit vers les intrigues du clergé, par ce qu'un haut dignitaire s'était emparé d'elle. Trop haute et trop fière pour subir le joug, elle l'avait brisé sans renoncer aux rapports politiques qu'elle entretenait avec son ancien ami. C'était une personne considérable à l'époque dont je parle ; mais elle avait un caractère trop entier, pour convenir à des alliés qui exigent par-dessus tout une dépendance absolue. Elle ne possédait pas l'influence dont elle était digne : on aimait à le lui faire sentir et elle s'en indignait... Je m'arrête. La reconnaissance m'empêche de divulguer ce qu'on me révéla.

Je puis, je dois dire tout ce qui me concerne puisque ce sont mes confessions que je livre au public dans un but que je crois utile, mais il ne m'est permis de parler des autres qu'au tant que cela est nécessaire pour éclaircir mon récit.

VI

Moins d'un mois après la conversation que j'ai rapportée à la fin du chapitre précédent, je fus nommé vicaire régent d'un vieux curé de canton dans un département voisin. Si les bonnes dispositions de l'évêque y contribuèrent pour quelque chose, c'était dans tous les cas à la marquise que je devais directement ou indirectement l'insigne faveur dont j'étais l'objet. A cette époque les places, les emplois ne servaient pas à récompenser le mérite ou les services rendus : on les donnait à qui comptait les plus puissants protecteurs. Et le clergé, avec son organisation républicaine, n'était pas plus à l'abri des influences extérieures que les autres corps de l'état.

Mon avancement ne me causa pas la joie qu'il m'eût semblé naturel d'éprouver dans une pareille circonstance. Je m'étais attaché à la marquise ; elle me portait de l'affection, et notre séparation ne se consomma pas sans douleur. Je l'avais amenée à voir le peuple d'un œil plus impartial et elle m'avait réconcilié avec la vieille aristocratie, dont il m'était resté un fâcheux souvenir depuis mon séjour comme précepteur au château de la comtesse de.... avant la première Restauration.

J'arrivai à mon poste aussi mécontent que si j'eusse eu à subir une disgrâce. Le prêtre qui n'est pas tout entier prêtre, c'est-à-dire qui n'a pas complètement fait abnégation de tous les sentiments humains, de tous les besoins d'affection naturels, éprouve une cruelle souffrance lorsque, jetant les yeux autour de lui, il voit qu'il ne tient à la société par aucun lien, et qu'il lui faut vivre dans la solitude du cœur.

J'entrais en fonctions à une époque où le ministère chancelait, miné qu'il était par les cabales d'une camarilla que dirigeait le haut clergé. Les élections nous étaient particulièrement recommandées. Pour obtenir des députés selon le cœur du gouvernement occulte, nous devions user de notre influence sur les électeurs de nos paroisses, et si nous n'avions pas directement prise sur eux, agir par l'intermédiaire de leurs filles et de leurs femmes. Enfin, il nous était commandé de rendre compte de ce que nous faisions, de ce que nous espérions, et de ne rien laisser ignorer à nos supérieurs de tout ce qui pouvait toucher de près ou de loin aux élections.

Pour sa part, le curé de canton, renseigné par les desservants des paroisses, avait la mission d'établir le bilan des électeurs. Cet état de situation comprenait non-seulement le caractère personnel, l'opinion politique des individus, mais encore leur fortune et le nombre de leurs enfants. C'était, en un mot, le système d'espionnage le plus vaste qu'on puisse imaginer, et c'était aux hommes qui, par état, doivent rester étrangers aux affaires temporelles, qu'on avait confié le soin de le mettre en pratique. Il s'agissait, il est vrai, du trône et de l'autel ; je devrais dire de l'autel et du trône, car celui-ci était un utile auxiliaire, et rien de plus : ne rêvait-on pas, au sein du haut clergé le règne de la théocratie ?...

En qualité de vicaire-régent, je recevais tous les renseignements et je fus alors témoin de tant de bassesses, je vis tant d'exemple de vénalité, que, je l'avoue, je désespérai d'un peuple qui semblait prêt à se vendre en détail.

Nous allions puiser nos inspirations dans les retraites de l'évêché, puis nous revenions commenter nos instructions, répandre le mot d'ordre dans les réunions cantonales et surtout dans les dîners. Jamais le clergé n'en a tant donné ni tant reçu qu'à cette époque. De religion, pas un mot. Je me trompe : on trouvait toujours quelque texte de l'ancien Testament, de l'Evangile, des Actes des Apôtres ou des canons de l'église pour justifier nos vues politiques.

Si cette situation se fût prolongée plus longtemps, le clergé, trop mêlé aux affaires publiques, aurait perdu lui-même le sentiment catholique et serait devenu indifférent à la religion aussitôt qu'elle aurait cessé de lui offrir le moyen d'étendre son influence et d'assurer sa domination. Ce sont ces préoccupations profanes qui altèrent d'ordinaire les croyances et amènent leur ruine.

Du reste, nous trouvions les esprits admirablement préparés. Les électeurs n'étaient pas, en général, assez éclairés pour comprendre qu'en échange d'avantages temporaires, ils livraient leur avenir, celui de leurs enfants et de leur patrie. A ces gens qui répondaient, lorsqu'on faisait appel à leurs sentiments d'honneur : Que m'en reviendra-t-il? il ne fallait plus que de l'argent, des bureaux de poste ou de tabac, et aux plus fiers la croix d'honneur. En dehors de ce pays légal si corrompu, le peuple s'indignait et éclatait en murmures; mais les gendarmes et les procureurs du roi étaient là pour imposer silence aux mécontents.

Nous autres prêtres, nous étions si convaincus que notre règne était venu, que nous agissions dans nos paroisses comme de véritables pachas. Les conseils de fabrique n'existaient que pour mémoire; les délibérations des conseils municipaux, pure affaire de forme, étaient cassées d'ailleurs par les préfectures lorsque, par hasard, elles nous gênaient. La loi du sacrilège fonctionnait, et la dénonciation ou le témoignage d'un prêtre passait pour parole d'Evangile. Nous nagions en pleine eau et rêvions déjà le pouvoir absolu.

Tout en apparence justifiait ces espérances.

Or le clergé, si habile à préparer ses voies, si hardi à marcher en avant, est trop disposé à se contenter de la surface des choses, et ne sait pas sonder le terrain sur lequel il s'aventure. Pour mon compte, je voyais plus d'un nuage à l'horizon, mais je gardais pour moi mes pressentiments. Que n'ai-je toujours aussi prudemment agi?...

Mon canton voulut se distinguer, ou plutôt les prêtres de mon canton trouvèrent ingénieux de le faire rétrogader de deux siècles : les miracles reparurent.

Il y avait, dans une de nos communes, une pauvre femme frappée de paralysie, et qui n'articulait les mots qu'avec une extrême difficulté. Elle fut choisie entre tous pour devenir la preuve vivante que la Providence était sensible aux prières et aux mérites du clergé. On célébra à l'intention de la malade une messe solennelle. Les hauts dignitaires de l'évêché y assistèrent; les curés des environs affluèrent, et les dévotes de tout âge et de toute condition accoururent de sept ou huit lieues à la ronde : le miracle avait été annoncé dans les chaires longtemps à l'avance. Ce fut un concours, un pieux tumulte, dont je n'avais eu d'exemple qu'aux jours néfastes de 1815.

Tandis que les cloches sonnaient à pleine

volée, l'église se remplissait, et l'héroïne du jour, flanquée d'une garde-du-corps de dévotes qui exhalaient un délicieux parfum de sainteté, allait occuper la place la plus apparente auprès du chœur.

Le saint sacrifice commence. Au moment de l'élévation de l'hostie, la malade balbutie quelques paroles inintelligibles. Ce fut le signal : l'enthousiasme à peine contenu fit explosion :

— Elle a parlé... Le miracle a eu lieu.

Et des cris, et des applaudissements.... Il n'y avait plus moyen de s'entendre. On dressa un procès-verbal dans la sacristie ; les témoins s'empressèrent de le signer, et le tout se termina par un *Te Deum*.

Je dois dire que je ne signai pas l'attestation du miracle. Au milieu de l'enivrement et de l'exaltation universelle, personne ne s'en aperçut ; mais plus tard on sut bien relever ma négligence. Le fait est que l'état de la malade ne s'était pas amélioré, et qu'elle ne parlait pas mieux qu'auparavant. Le miracle n'en fut pas moins bel et bien affirmé par une foule de signatures mais, peu après, la malade disparut du canton.

J'avais écrit à Yvonne dès les premiers jours de mon installation pour l'inviter à venir près de moi diriger la maison. Elle arriva le lendemain du jour de la consommation du miracle.

L'excellente fille comptait déjà bien des années. Depuis la mort de M. Pointel, elle s'était retirée dans sa famille, où, grâce à ses petites économies et à la reconnaissance de son ancien maître, elle jouissait d'une honnête aisance. Je ne m'étais souvenu d'elle que lorsque j'en avais eu besoin. Je n'avais pourtant pas naturellement cet horrible vice du cœur qui s'appelle l'ingratitude; mais l'éducation du séminaire est si propre à chasser de l'âme tous les bons penchants, elle tend si constamment à nous détacher du monde, que le manque de reconnaissance, même envers sa famille, est un défaut inhérent au caractère du prêtre.

Yvonne, qui voyait en moi son ouvrage, arriva pleine de joie : elle me croyait heureux. Je ne lui avais pas confié les chagrins de ma vie, et, en comparant la condition dans laquelle elle me trouvait à la carrière que j'aurais suivie sans son affectueuse intervention, elle s'imaginait que je devais être au comble de mes vœux.

Quel ne fut pas son étonnement lorsqu'elle apprit enfin tout ce que j'avais souffert. Peu s'en fallut qu'elle ne se repentît de son œuvre. Cependant, son esprit prévoyant comprit vite et mieux que moi ma véritable situation : elle voulut que je prisse mes mesures contre l'avenir.

Il me restait sept mille francs de l'indemnité qu'avaient daigné m'accorder les bons pères ; elle leur trouva un placement solide et avantageux. Ensuite, elle acheva de compléter mon mobilier, d'organiser mon petit ménage ; de telle sorte qu'en peu de temps je me trouvai matériellement aussi bien que je le pouvais désirer.

Ma gouvernante était pour moi un véritable ange gardien. Lorsque j'avais quelques-uns de mes confrères à dîner, après quelques minutes d'observation, elle ne manquait jamais de me donner quelque sage avis sur la façon dont je devais me conduire vis-à-vis d'eux, et plus d'une fois j'eus à me louer de ses conseils.

J'avais deux vicaires, l'un d'eux grand, fluet, agréable causeur m'avait charmé par son air de franchise et d'abandon. Yvonne plus perspicace que moi l'avait jugé tout autrement, et cherchait à me mettre en garde contre lui :

— Son air calin ne me plaît pas, me disait-elle.

La suite prouva qu'elle avait raison.

L'autre vicaire était une grosse masse de chair humaine qui avait trouvé que le pain de l'église était meilleur et plus facile à gagner que celui du soldat. Il avait, en conséquence, mis de côté les galons de sergent et déserté les camps pour entrer dans le giron de l'Église, de même que peu d'années auparavant, il avait déserté le séminaire pour la caserne. C'était un composé bizarre des mœurs libres du soldat et des allures dévotes et repentantes de la brebis égarée qui revient au bercail.

Yvonne me répétait, sur tous les tons, que l'âme de cet homme était dans son estomac, mais elle le trouvait aussi redoutable que son confrère, non pas tant à cause de ses propres dispositions, qu'en raison de l'influence que devait exercer l'autre vicaire sur cette nature pétrie de grossiers appétits.

Soumise et respectueuse en présence des étrangers, Yvonne se dédommageait dans l'intimité : elle me tutoyait. Sa tendresse maternelle et son âge lui en donnaient certes le droit, et pourtant j'étais assez sottement vaniteux pour m'en trouver quelquefois blessé.

Les conversations de mes confrères l'eurent bientôt mise au courant des affaires du jour, et elle ne se lassait pas de me conseiller de rester étranger à la politique.

— Cela ne doit pas regarder un prêtre, me disait-elle. Il faut que chaque chose soit à sa place, et quand je vois le clergé mettre le nez dans les affaires publiques, je ne sais pas pourquoi je ne verrais pas les laïcs se mêler des affaires du clergé... Tiens, ajoutait-elle, je prévois que tout ça tournera mal...

Elle me citait alors ce qu'elle avait entendu dire à M. Pointel, ce qu'elle avait observé elle-même, et elle finissait en répétant toujours :

— Sois prêtre et pas autre chose, mon Daniel.

Alléchés par le retentissement et l'éclat du miracle dont j'ai parlé un peu plus haut, mes confrères voulurent en avoir chacun un, mais leur esprit était peu inventif, et ils en proclamaient de si stupides que le miracle restait à l'état d'embryon. Cependant un d'entre eux, plus subtil et plus adroit, parvint à attirer la foule pendant quelque temps, et à procurer à son église, — dont il administrait les biens, — des bénéfices assez considérables.

Une petite fille avait reçu les confidences de
r ge Marie. Ce nom qui réveille des sen

timents si purs et si doux, excita la curiosité enthousiaste de quelques pieuses femmes. Elles voulurent savoir ce que la Vierge avait révélé à l'enfant ; et bientôt ce furent des choses incroyables qu'on se racontait à l'oreille sous le sceau du secret ; secret si bien gardé au surplus, que toute la gent dévote du pays en eut connaissance et que l'enfant privilégié commença à faire des miracles et à prédire l'avenir. Autant que je puis me le rappeler, la Sainte-Vierge poussa même la condescendance jusqu'à écrire une longue lettre à cette petite fille qui ne savait pas lire ; par bonhenr, le curé s'en chargea pour elle.

Yvonne, quoique très pieuse, ne se laissa pas gagner par les récits et les affirmations, et elle me fit très justement remarquer, — en tête-à-tête bien entendu, — que la sainte-Vierge aurait dû commencer le miràcle en donnant à sa correspondante le don de lire sans avoir jamais appris.

Voici, pour les gens curieux, le résumé de cette lettre arrivée à la terre par la petite poste du ciel : « La religion allait reprendre toute sa « splendeur, l'impiété disparaître de la surface de la terre. Les prêtres seraient honorés « comme ils étaient dignes de l'être, et quiconque posséderait une copie de cet écrit (la copie se vendait) aurait des indulgences pour « dix ans, pourvu que d'ailleurs il récitât les « oraisons de sainte Brigitte. »

Sainte Philomène dormait encore, je pense, au fond des catacombes.

Je déférai confidentiellement cette lettre à l'évêché, qui manda au curé d'arrêter le cours de ses miracles et de se contenter des correspondances terrestres. Quelques jours après, les miracles avaient cessé en effet, mais les copies de la précieuse lettre se colportaient encore plus ou moins secrètement.

Pour ma part, j'en ai vu une dans un cadre de bois doré, sur la cheminée d'un maire de campagne.

Mon jeune vicaire avait pleinement accepté la chose, et je ne puis m'expliquer comment un homme que j'ai vu plus tard déployer toutes les ressources de l'esprit le plus retors pour nouer des intrigues et les mener à bonne fin, pouvait ajouter foi à de pareilles inventions. Quant au gros vicaire, il était enchanté; il avait fait d'excellents dîners chez le curé-propagateur du miracle: c'en était assez pour qu'il crût sans examen.

Les hommes sensés approuvèrent ma conduite. Les dévotes n'avaient pas osé la blâmer; mais l'auteur désappointé et mes deux vicaires l'attaquèrent d'abord entre eux et tout bas, puis dans leurs entretiens avec leurs pénitentes, et enfin assez publiquement. J'avertis l'évêché de ces manéges, et j'appris avec étonnement qu'on m'accusait de montrer de la tiédeur pour les intérêts de la religion.

On apportait à l'appui de cette accusation, non pas ma désapprobation tacite à l'endroit du miracle de la Vierge (l'évêché s'était prononcé dans le même sens que moi) ; mais la négligence que j'avais montrée en ne signant pas le procès-verbal du miracle de la paralytique, qu'appuyaient les hauts dignitaires du diocèse.

Je devais d'avoir été dénoncé pour ce fait si grave à mon jeune vicaire : son collègue ne songeait qu'à manger et à digérer.

Ce fut le secrétaire de l'évêché qui me mit au courant de toutes ces menées. Ce prêtre, qui me voyait protégé par la marquise et qui comptait comme tous ses confrères sur le rétablissement de l'ancien régime, désirait s'attirer la bienveillance d'une aussi grande dame. Sous l'empire de cette idée, il me rendit de bons services dans la circonstance présente.

Ce fut encore lui qui me renseigna au sujet de mon jeune vicaire. Il avait eu plus d'une fois l'occasion de l'apprécier, et il savait qu'à force de souplesse et de prévenances, il s'était acquis l'appui de quelques hommes hauts placés dans la magistrature afin d'arriver à obtenir une cure, peut-être la mienne.

Quelques jours après avoir reçu ces renseignements, je vis arriver mon dénonciateur. Il venait me déclarer qu'à l'avenir il vivrait dans le bourg, afin de me laisser plus de liberté chez moi ; il se trouvait mal logé au presbytère ; il voulait s'arranger une existence plus conforme à ses goûts, etc., etc.

Toutes ces raisons me parurent aussi mal fondées que possible, mais je me gardai bien de lui adresser la moindre observation ; je me trouvais trop heureux d'être débarrassé de lui.

Son confrère me restait : il voulait garder des intelligences dans la place.

Cependant, Yvonne montra une telle joie du départ du jeune vicaire, que le gros prit le parti de se retirer à son tour, et nous pûmes enfin respirer en liberté... On verra bientôt que je payai ce moment de repos assez cher.

Il est d'usage de tenir au chef-lieu du canton des conférences auxquelles assistent les curés des environs. Le but que l'on s'est proposé en établissant ces réunions est utile et louable. On examine, dans ces assemblées, quelque point de dogme ou de morale ; on s'éclaire par la discussion et l'on s'entend sur la direction à donner aux paroisses, dans l'intérêt de la religion.

Dès la première conférence qui eut lieu après la sortie de mes deux vicaires, je crus remarquer chez plusieurs desservants des dispositions hostiles à mon égard. J'avais toujours cherché à écarter les sujets politiques de nos discussions ;

mais l'esprit du jour était plus fort que ma volonté.

Nos conférences étaient donc employées, non pas à nous éclairer sur nos devoirs réciproques et sur la meilleure manière de les remplir, mais à imaginer les moyens de chasser de toutes les communes les instituteurs laïcs pour établir à leur place des frères de la doctrine chrétienne. Il me répugnait de voir tendre sous les pas de ces malheureux instituteurs des pièges et des embûches ; je les savais soumis à une surveillance occulte et malveillante, et ma conscience se révoltait en les entendant calomnier par des bouches que ne devrait jamais souiller le plus léger mensonge.

Mais je désapprouvais surtout ces jeunes prêtres qui auraient voulu avoir, chacun dans sa paroisse, des sœurs pour instruire les filles de la campagne et visiter les malades. Ce n'était pas la chose en elle-même que je blâmais, mais plutôt l'hypocrisie du prétexte. Je connaissais la faiblesse de la chair, et je craignais le danger de la fréquentation entre deux êtres de sexe différent et voués au célibat.

Enfin, — et pourquoi ne l'avouerais-je pas? — depuis qu'Yvonne habitait ma maison, les conseils de cette honnête fille m'avaient rendu meilleur, plus attaché à mes devoirs, plus digne prêtre, en un mot. Sa longue expérience des gens de ma robe lui avait appris à pénétrer le véritable esprit du bas-clergé, et elle m'engageait à m'opposer fermement à ces périlleuses innovations, tout en apportant une extrême prudence dans mon langage et dans ma conduite.

Quoi qu'il en soit, lors de notre première réunion en conférence, je crus découvrir dans quelques-uns de mes confrères, ainsi que je viens de le dire, les plus mauvaises dispositions.

Je me tins sur la réserve, et j'attendis. La bombe ne tarda pas à éclater.

Nous causions depuis quelques minutes de sujets profanes lorsque l'un de mes collègues, sans ménager la transition, mit tout à coup sur le tapis le chapitre des miracles. Il cita ceux de *l'Ancien* et du *Nouveau Testament ;* il passa en revue les siècles qui suivirent l'établissement du christianisme, et il conclut en disant que refuser de croire à cette intervention de la puissance divine dans les affaires humaines, c'était se refuser à l'évidence et donner gain de cause à l'impiété du siècle.

Les membres de la conférence approuvèrent à l'unanimité : ils avaient tous cherché à avoir leur miracle dans leurs paroisses.

Je voyais très bien où ils voulaient en venir, et je gardai le silence ; mais cela ne faisait pas leur compte.

Un jeune curé prit la parole, et cita des choses

vraiment étonnantes qui s'étaient passées dans un château voisin : c'étaient des voix souterraines et aériennes, des pluies de fleurs, des châles qui tombaient des nues dans les allées du jardin, etc., etc., et tous ces prodiges n'avaient cessé, ajouta-t-il, qu'après les exorcismes de l'un des grands vicaires.

Je connaissais cette histoire et j'en avais ri avec tous les hommes de bon sens ; mais il eût été imprudent de s'en moquer devant mes confrères : il y avait un grand vicaire en jeu ! Le piége était trop grossier pour que je m'y laissasse tomber ; je continuai donc de rester muet.

Mes adversaires s'enhardirent.

Le miracle de la paralytique, dont je n'avais pas affirmé la réalité par ma signature fut raconté en détail ; on cita les noms des personnes pieuses, des vénérables ecclésiastiques qui l'avaient attesté ; enfin on m'attaqua directement. Cependant, à la grande surprise de tous, je ne répondis point, et je restai calme. J'en vis plus d'un alors se mordre les lèvres de dépit.

On échangeait de rapides regards, on s'interrogeait du geste ; sans doute on attendait que quelqu'un poussât l'attaque plus vigoureusement.

Ce fut mon jeune vicaire qui s'avança en enfant perdu sur le terrain des hostilités.

— Monsieur le curé, me dit-il, nous nous attendions à être éclairés de vos lumières, et nos espérances sont cruellement déçues.

— Vos lumières, Messieurs, sont plus étendues que les miennes ; j'écoute et je m'instruis, répondis-je froidement.

Mon interlocuteur parut embarrassé ; le curé inventeur du miracle de la Vierge vint à son secours.

— Nous savons tous que vous êtes modeste, Monsieur le vicaire régent ; mais nous ne savons ce que nous devons penser de votre silence obstiné ?

L'observation était par trop impertinente; les confédérés le sentirent, et ils se hâtèrent d'intervenir pour me demander poliment si je n'avais pas quelque avis à soumettre à l'assemblée sur la question.

— J'ai à répéter, leur répondis-je, ce que j'ai déjà déclaré bien souvent : efforçons-nous d'instruire les gens de la campagne de leurs devoirs religieux ; moralisons-les pour les rendre meilleurs et pour répondre par des résultats à ceux qui nous demanderont ce que nous avons fait pour la gloire du christianisme et pour le bonheur de nos frères. J'ai toujours compris, ajoutai-je en m'animant un peu, le précepte de notre divin maître : *Ite et docete omnes gentes*, de cette manière : Allez, enseignez les hommes, c'est-à-dire, éclairez-les dans l'intérêt de l'humanité tout entière... Quand je verrai le calme et le recueillement régner dans les églises durant les saints offices, quand l'habitant de la campagne et des villes sera pieux de cœur et non par habitude; quand, en un mot, il possédera les vertus du chrétien, je dirai, dans la joie de mon âme : Nous sommes allés accomplir les ordres de notre divin maître ; nous avons rendu nos frères meilleurs ; nous pouvons, maintenant, nous présenter sans crainte devant Dieu...

Mes confrères avaient préparé leur attaque et s'étaient partagé les rôles ; mais, en changeant la lutte de place, je déjouais leurs ruses et je les trouvais désarmés. Ils sentaient le besoin de tracer un autre plan de campagne avant de s'aventurer de nouveau sur le champ de bataille ; aussi, à leur tour, ils se turent et me laissèrent maître du terrain.

Je les invitai à dîner ; un seul accepta. Je n'en marquai aucun mécontentement. Au fond, je les prisais trop peu pour me montrer offensé de leurs mauvais procédés. Yvonne fut plus sensible que moi à cette grossière impolitesse. Avec son instinct de femme et son expérience du caractère de notre caste, elle pressentit quelque intrigue savamment ourdie contre moi, et elle ne se trompait pas.

Peu de jours après, une rumeur sourde se répandit çà et là : on se disait à l'oreille que j'étais janséniste.

Personne ne comprenait le mot; mais il n'en était que plus dangereux. Les royalistes y attachaient l'idée d'une grave atteinte aux bons principes; les dévotes y voyaient de l'irréligion, de l'athéisme, que sais-je?

Yvonne me conseilla de multiplier mes visites. Mon caractère était doux, je m'étais toujours montré tolérant, je devais aisément effacer cette calomnieuse accusation. J'y réussis en effet. Je répondis aux quelques personnes qui me parlèrent des jansénistes, que personne ne l'était plus en France, et que ceux qui se servaient de cette expression, jetée en l'air par la malveillance, n'en connaissaient pas même la signification. On vit que je disais la messe, que je prêchais et que je confessais comme les autres prêtres, et cela suffit pour détruire la trame de cette sotte calomnie.

VII

Quand un prêtre veut faire le mal, il y met plus d'obstination et de persévérance qu'un laïc, distrait par d'autres soins. Le prêtre a besoin d'occuper l'activité de son esprit coûte que coûte. Lorsqu'il ne se lance pas dans les intrigues de la politique, il faut qu'il se mêle des affaires des autres, et malheur à ceux que sa vengeance veut atteindre.

Battus sur le terrain du jansénisme, mes ennemis portèrent leurs vues d'un autre côté. J'étais étranger au diocèse. Pourquoi avais-je quitté le mien? Il paraît que pour le savoir ils écrivirent à Rennes, et, par une de ces fatalités dont j'ai toujours été la victime, ce fut précisément l'infernal Matelin qui leur répondit.

Pour cette fois, ce ne furent plus mes croyances qu'on attaqua, mais bien mes mœurs. Des bruits affreux circulèrent sur mon compte. J'avais porté la séduction jusque dans la maison du Seigneur, et, pour prix de mes méfaits, j'avais été chassé du diocèse. Yvonne prit l'alarme. De mon côté, je fis tant d'efforts pour remonter aux auteurs de ces bruits que j'arrivai jusqu'à mes deux vicaires et au curé propagateur des miracles productifs. Armé de preuves irrésistibles, je me rendis à l'évêché. Les esprits y étaient mal disposés en ma faveur. On avait appris « que je dogmatisais! » Monseigneur me refusa une audience, et le secrétaire m'avoua que, depuis assez longtemps, les dénonciations anonymes pleuvaient contre moi. On avait fini par en être importuné, et l'on voulait mettre un terme à ce scandale. Je mis le secrétaire au fait; il me promit d'éclairer sa grandeur, et, en même temps, il me conseilla d'écrire à ce sujet à la marquise. Ma lettre l'amena sur-le-champ à l'évêché. Le résultat de l'entrevue me fut favorable. On envoya mes vicaires dans des postes inférieurs, et le faiseur de miracles changea de paroisse. J'eus donc enfin l'espoir de vivre en repos, et j'oubliai bientôt toutes mes tracasseries.

Mais une aventure scandaleuse qui arriva dans mon canton faillit encore troubler la tranquillité que je n'avais obtenue que grâce à la puissante intervention de la marquise; car les fâcheuses impressions produites sur l'évêché par les lettres anonymes ne s'étaient pas effacées, tant s'en faut.

Une dame fort âgée, fort riche, très dévote et très charitable, habitait le canton. Sa raison commençait à chanceler, et elle n'agissait plus que sous l'inspiration de son curé, jeune homme adroit, cauteleux, qui appartenait à une famille pauvre. Les héritiers de la vieille dame conçurent des inquiétudes, et l'un d'eux me communiqua ses craintes. Elles me parurent si fondées, que je jugeai à propos d'en faire part au curé. De ma vie je n'ai vu un homme aussi indigné. « Jamais il n'avait eu même une pensée qui pût alarmer la conscience la plus scrupuleuse. » Je le crus malgré les réflexions d'Yvonne, et je m'empressai de rassurer le parent qui m'avait confié le sujet de ses préoccupations.

Quelques mois après, la dame fut emportée par une attaque d'apoplexie.

A l'ouverture de son testament, on apprit qu'elle léguait la majeure partie de ses biens-fonds au séminaire et à une communauté religieuse ; et son mobilier, son argenterie, en un mot, tout ce que sa maison contiendrait au jour de son décès, à son confesseur, et ce confesseur était mon jeune curé !...

On montra la plus douce joie à l'évêché, et l'on me donna tout doucement l'avis de ne contrarier en quoi que ce fût la charité des âmes pieuses. D'un autre côté, le parent que j'avais rassuré me regarda comme complice du curé héritier, et il ne m'épargna pas dans ses discours. J'étais vraiment prédestiné à payer les pots cassés.

Les élections vinrent encore achever de me ruiner.

Les parents spoliés étaient électeurs influents. En haine du clergé, ils montèrent une cabale, et nous ne pûmes réussir à procurer à notre candidat le nombre de votes sur lequel nous comptions.

Si je n'eusse pas eu l'excellente Yvonne près de moi, je crois que j'aurais perdu la tête au milieu de tous ces contre-temps. Avec son bon sens ordinaire, elle me prédit que cette situation ne pouvait se prolonger. Elle s'était plus répandue au dehors que moi; elle avait surtout beaucoup pratiqué les gens de la campagne, et elle n'augurait rien de bon de la disposition générale des esprits.

J'étais accablé d'ennuis de toute sorte, lorsque je reçus une lettre de la marquise. J'ai supposé depuis qu'elle l'avait écrite sous l'influence de l'évêché, qui voulait me remplacer; mais, par égard pour moi, elle employait une voie détournée. Après un éloge adroit et délicat de la douceur de mon caractère, de ma facilité d'élocution, de mes talents, — cela me parut fort, — elle finissait par me conseiller d'aller à Paris, où l'une de ses connaissances intimes me placerait en qualité de prêtre attaché à l'une des paroisses de la capitale. Elle me faisait ensuite sentir les avantages de cette position : je me mettrais plus aisément en lumière qu'au fond d'une campagne où le mérite personnel trouvait souvent des détracteurs et des envieux, même parmi les membres du clergé.

Cette dernière phrase était significative.

Un vague désir d'habiter Paris s'empara de moi. Yvonne le combattit d'abord, puis elle se rendit à mes raisons. Ma réponse fut telle que la marquise pouvait la désirer. J'obtins un congé de quelques semaines, et je me rendis à Paris, muni de lettres de recommandation.

Je fus présenté à un ministre qui m'accueillit avec une bienveillance toute particulière. Soit que mon caractère lui convînt, soit plutôt qu'il voulût être agréable à mes patrons, toujours est-il qu'il me pria de le voir souvent et qu'il me témoigna un vif désir de m'être utile. C'est le seul homme haut placé qui m'ait laissé un souvenir agréable.

Entre plusieurs positions qu'il me montrait en perspective, celle d'aumônier dans un régiment me souriait le plus. Il fallait des sollicitations directes au ministère de la guerre : on les fit pour moi. Jugez de mon désappointement lorsque, près d'obtenir ce que je désirais, j'appris que des renseignements parvenus sur mon compte me montraient comme tout-à-fait impropre à remplir cette fonction. Le ministre me laissa entrevoir que le parti jésuite, qui était tout-puissant à la cour, et sous les yeux duquel passaient toutes les propositions de nomination, m'avait fait rayer comme suspect de tiédeur royaliste et religieuse.

— Si vous avez ces gens-là pour ennemis déclarés, ajouta le ministre, il sera difficile de vous caser convenablement.

La marquise, dépitée, vint à Paris. Une femme d'esprit, encore belle, appartenant d'ailleurs à la haute noblesse, obtenait alors, pour peu qu'elle eût de persévérance et d'entregent, tout ce qu'elle demandait. La marquise avait tout cela, mieux que cela, et cependant elle ne put emporter la place d'aumônier. Elle-même me conseilla d'y renoncer.

— Les aumôniers, me dit-elle, ont un rôle difficile à soutenir. La congrégation et la cour sont bien aises d'avoir un surveillant monarchique et religieux dans chaque régiment : je vous connais, vous rempliriez mal leurs vues.

Après cinq semaines de démarches, j'obtins enfin d'être attaché à une paroisse de l'un des faubourgs de Paris, avec espoir d'avoir mieux aussitôt que j'aurais donné des garanties aux jésuites. En définitive, c'était toujours avec ces gens-là qu'il fallait compter. J'acceptai et je fis bien, car un nouveau vicaire régent était nommé à..... et m'avait déjà remplacé dans mon canton.

Yvonne vint me retrouver à Paris. Ses bons conseils, autant que l'amour vraiment maternel qu'elle me portait me la rendaient nécessaire.

Outre le curé et les vicaires en titre, les prêtres attachés au service de la paroisse étaient, sans me compter, au nombre de deux : je ne parlerai que d'un seul. Les prêtres se ressemblent tous. Le confrère que je prends pour type possédait une de ces figures qu'on n'oublie jamais. Quoiqu'il eût à peine trente-trois ans, il était complètement chauve. A cet âge, la calvitie est le résultat ordinaire d'un trop grand travail intellectuel ou d'excès d'un tout autre genre. Cette tête dépouillée permettait à tout venant d'étudier la conformation du crâne : la partie supérieure en était fort élevée ; celle où Gall place les facultés aimantes, déprimée. Au contraire, on remarquait au-dessus des oreilles sur un cou de taureau. Quant au front, il était petit et fuyant ; des sourcils épais et hérissés ombrageaient deux yeux qui ne s'ouvraient jamais qu'à demi. Un nez aquilin qui se recourbait brusquement à son extrémité, un menton épais, une bouche enfoncée, des joues pâles et terreuses complétaient cet ensemble peu séduisant.

Ce prêtre était affilié à la société de Jésus et jouait un fort grand rôle, tout en professant une humilité feinte ou réelle. Il avait fait récemment un voyage en Italie, et il ne parlait jamais de cette terre bénie qu'en levant au ciel ces yeux dont il ne montrait jamais que la moitié.

Je compris qu'il était prudent de gagner les bonnes grâces de cet homme. Je m'y employai et je semblai réussir. Pour me voir plus à son aise, il vint loger dans la même maison que moi et se fit mon pensionnaire. Il me trouvait, disait-il, bien heureux d'avoir une gouvernante comme Yvonne. S'il appréciait cette brave femme à sa juste valeur, elle le lui rendait bien, mais ce n'était pas en même monnaie. Elle éprouvait pour lui une répulsion instinctive, et elle me fatiguait en voulant me faire partager ses craintes.

Mon commensal habitait un logement écarté dans lequel il recevait, tour-à-tour, mais continuellement, des gens bien vêtus et des ouvriers. Il coopérait à la grande œuvre des associations pour la défense de la Foi.

Pour le dire en passant, il est assez étrange qu'à cette époque où le clergé était plus puissant peut-être qu'il ne l'avait été depuis longues années, où personne ne songeait à l'inquiéter, il organisât cependant des sociétés secrètes pour la défense de la religion catholique.

C'est là du reste sa grande politique : se prétendre toujours menacé afin de légitimer les attaques qu'il dirige le premier contre tout ce qui peut gêner son ambition. Le malheur du clergé, malheur que je déplore plus que personne, c'est de s'être placé dans la société de telle façon que son existence est forcément militante.

Mon confrère le jésuite, trouvant en moi un auditeur docile et point ergoteur, ce qui est rare dans un prêtre, m'initia peu à peu à ses vastes espérances.

— La France est à nous me disait-il, dans un moment d'enthousiasme. Les fils des grandes familles entrent dans notre congrégation, les bourgeois qui veulent arriver à quelque chose sont à nos ordres ; la classe ouvrière s'organise à notre voix. La magistrature, en partie affiliée, nous est dévouée. Commis de ministères, employés d'administration attendent tout de nous et nous appartiennent ; enfin, la tête qui dirige est à Rome au moins l'égale du Saint-Père..... Oui, nous défions l'esprit de la révolution !

Un homme convaincu et passionné impose toujours. J'avoue que je fus frappé de la puissance d'une association dont les innombrables ramifications s'étendaient partout et enlaçaient la société entière comme dans un vaste filet. Yvonne avait là-dessus plus d'expérience que moi. Lorsque le soir je lui parlai de mon entretien avec le jésuite, elle m'écouta très attentivement, puis elle me dit :

— Avant la Révolution, le clergé était bien plus puissant qu'aujourd'hui : il avait des terres, des dîmes ; et pourtant, à quoi cela lui a-t-il servi, et qu'est-ce que c'est devenu en 89 ? Les jésuites se croient forts, maintenant;

tu verras ce qu'ils pèseront dans la main du peuple, s'il vient à se fâcher. Attends, Daniel, attends ; mais surtout reste prêtre, et simple et honnête prêtre, entends-tu ?

C'était là son éternel refrain.

Dès les premiers temps de notre liaison, mon jésuite m'avait confié deux manuscrits et les Institutes de l'ordre. Cette lecture, nos conversations, et les réflexions qu'elles me suggéraient m'inspirèrent le désir de l'interroger sur quelques points qui restaient obscurs dans mon esprit. Je voulais savoir s'il possédait le mot d'ordre de sa secte et s'il s'exprimait, à cet égard, de la même manière que mon ancien collègue aux missions de Bretagne. Le lecteur ne se rappelle peut-être pas qu'à l'époque où je courais les villes et les campagnes en compagnie des misionnaires, j'avais reçu les confidences d'un bon père ; pour moi je n'avais eu garde de les oublier.

Il m'était facile d'engager le débat avec mon confrère de Paris. Occupé chaque jour à endoctriner les jeunes gens qui le venaient voir, il avait contracté l'habitude de la discussion. Lui faire une objection, c'était le mettre sur son terrain. Il n'y avait guère que dans ces moments de lutte qu'il était possible de voir ses yeux tout entiers. Je préparai donc mes arguments, je choisis le moment et j'entamai l'entetien.

J'ai longtemps hésité avant de me décider à reproduire notre longue conversation. Je craignais de fatiguer l'attention de ceux qui cherchent surtout dans ces *Mémoires* des évènements et des faits. Je ne me suis déterminé à tenter l'aventure que parce qu'il m'a semblé de quelque intérêt pour un certain nombre de lecteurs de connaître quelle était la véritable pensée, le but réel de la société de Jésus, autant, du moins, qu'il est permis d'ajouter foi aux aveux échappés à un adepte essayant de recruter un homme dont la robe garantissait la discrétion.

— Monsieur l'abbé, commençai-je en m'adressant au jésuite, j'ai été frappé de ce que vous m'avez dit de votre société ; j'ai relu hier ce que nous apprend l'histoire à ce sujet ; j'ai médité les Institutes que vous avez eu la bonté de me prêter et il m'est venu une pensée, folle peut-être, que je veux soumettre à vos lumières...

Mon auditeur souleva légèrement la paupière, et j'entrevis une prunelle d'un ton fauve.

— Saint-Ignace, continuai-je, a beaucoup voyagé ? N'a-t-il pas été en Orient ?

— Eh bien ! quand cela serait ? me demanda brusquement le jésuite.

— C'est que j'ai trouvé dans certaine bibliothèque — je disais vrai — un très vieux manuscrit dont j'ai été obligé de me faire donner la clé, et ce manuscrit parle du voyage d'un moine qui accompagna Saint-Louis à la croisade...

— Qu'a cela de commun avec Saint-Ignace, et où voulez-vous en venir ? interrompit-il avec impatience.

— Attendez, j'y arrive tout-à-l'heure. Ce moine raconte qu'on lui montra ou qu'on lui donna le plan d'organisation de la secte du Vieux de la Montagne.

— Du roi des assassins, ajouta mon confrère.

— C'est cela précisément, répondis-je. Eh bien ! ces documents rapportaient que, pour être admis au nombre des saints illuminés, il fallait se dépouiller de toute affection terrestre, renoncer à sa volonté et obéir comme un cadavre que la voix d'Allah arracherait au repos de la tombe.... Saint-Ignace n'aurait-il pas eu connaissance de cette organisation et ne s'en serait-il pas approprié une partie, conforme d'ailleurs au but qu'il se proposait? Cela me paraît d'autant plus probable que j'ai trouvé entre les prescriptions de vos Institutes et les prescriptions mentionnées au manuscrit des similitudes frappantes.

Le père ouvrit complètement les yeux cette fois ; sa pupille était dilatée ; ses lèvres frémissaient ; il resta un instant le regard fixe.

— Où est ce manuscrit? me demanda-t-il d'une voix tremblante de colère.

Je m'attendais à cette question et je répliquai avec calme :

— Sur le dernier rayon de la bibliothèque de Madame la marquise de... Il est enveloppé dans une peau trouée comme un crible. Les premières pages sont maculées et illisibles. Chaque paragraphe commence par une ligne écrite en encre rouge ; la dernière page, qui se termine en triangle, contient ces mots : « Fin du voyage du moine Bruno. » Avec ces indications, ajoutai-je, avec le plus beau sang-froid, il est aisé de le reconnaître. Dernier signe particulier : à la dix-septième page, il y a deux taches d'encre toutes récentes ; c'est moi qui les ai maladroitement laissé tomber sur cette page 17 où le moine commence à parler du Vieux de la Montagne. En feuilletant ce manuscrit, vous pourrez vous convaincre de l'exactitude de tout ce que je vous en ai dit, et y trouver encore, si ma mémoire est fidèle, le précepte suivant : « L'homme qui vous a engendré, la femme « qui vous a porté dans son sein, nourri de son « lait, le frère qui a sucé les mêmes mamelles « doivent être effacés de votre cœur, et vous « les frapperez si le saint le commande. »

Mon confrère avait refermé les yeux ; il semblait réfléchir. Je ne le troublai point dans sa méditation ; enfin il s'écria :

— Comment ne vous êtes-vous pas emparé de ce manuscrit ?

— Mais, répondis-je, parce que je n'ai jamais pris ce qui ne m'appartenait pas.

— La marquise vous l'eût cédé, sans aucun doute ; il doit être de peu de prix pour elle.

— L'idée ne m'est pas venue de lui adresser cette demande ; j'aurais même oublié cette lecture si vos Institutes n'eussent réveillé mes souvenirs.

— Il est possible que les analogies dont vous me parlez se rencontrent en effet dans ce manuscrit, répondit le jésuite ; mais notre saint fondateur avait puisé ailleurs et plus haut ses inspirations.

— Ce que j'ai lu de votre ordre, dis-je alors, ne m'en a donné qu'une idée vague ; mais je regarde comme un miracle la durée de son existence au milieu de tant de persécutions de toutes sortes.

— C'est que notre ordre, reprit-il vivement, est comme ces plantes vivaces qui repoussent avec vigueur, ne leur eût-on laissé qu'une seule radicule. Oh ! notre ordre est la merveille des organisations humaines, notre ordre vaincra parce qu'il est immortel ?...

Sa tête s'exaltait ; j'en profitai.

— J'admire réellement sa continuité d'existence, mais je n'entrevois qu'imparfaitement ses principes de vitalité.

Le jésuite rayonnait de joie ; il étendit vers moi sa main droite et me dit d'une voix brève.

— Ecoutez : l'intelligence nous vient de Dieu ; quand il la porte à un haut degré dans un homme, voyez en cet homme un être prédestiné à accomplir quelques-unes des grandes choses qui sont dans les desseins de la Providence. Notre saint fondateur portait au front ce signe sacré. Il étudia les hommes sur lui-même, sur les autres ; il parcourut le monde, et il eut la révélation que sa volonté sur la terre devait être une, comme la volonté de Dieu est une au ciel. Les astres qui se meuvent dans l'infini marchent dans une inaltérable harmonie, parce que la volonté seule de Dieu leur imprime le mouvement. Les sociétés humaines marcheront aussi harmonieusement lorsqu'une seule volonté les dirigera. Nous autres, humbles serviteurs de Jésus, nous avons donné l'exemple les premiers. Nous sommes comme la verge d'Aaron entre les mains de notre chef, et cette verge enfante aussi des miracles. Depuis trois siècles notre compagnie a traversé bien des mauvais jours ; elle a lutté contre les peuples et les rois ameutés, et elle est encore debout, grande et forte. Un pape l'a attaquée, lui qui devait connaître l'histoire de ses prédécesseurs.... Ganganelli est mort avant la société qu'il avait voulu tuer, et sa mémoire a été justement flétrie!... Partout poursuivis, assaillis de tous les vents, frappés par tous les orages, nous sommes toujours debout malgré toutes les puissances humaines, et nous les courberons toutes sous notre joug, parce que nous n'avons qu'une seule volonté, qu'un seul but : établir sur la terre l'harmonie qui règne aux cieux. Le soleil échauffe ses planètes obéissantes; et lui-même obéit au mouvement général imprimé à l'univers par Dieu, volonté unique. Eh bien ! nous imiterons Dieu et nous réaliserons ici-bas l'ordre magnifique dont il nous a donné l'exemple.

Quoique étonné au plus haut point de ce langage, j'entr'ouvrais la bouche pour présenter quelques observations.

— Arrêtez, me dit le jésuite d'un ton impérieux, je sais ce que vous allez m'objecter; je vous réponds : Les rois et les républiques ne seront que des obstacles momentanés, parce que l'organisation de notre société comprend les deux forces qui soutiennent les monarchies et donnent aux républiques leur active énergie. Les rois ne sont pas élevés comme des hommes, ils vivent dans un milieu énervant : leurs races s'abâtardissent ; aussi n'ont-ils pas et ne peuvent-ils avoir de volonté. Ils dépendent, à leur insu, des évènements et des circonstances ; ils sont d'ailleurs exposés à la plus niaise des passions : au vain orgueil de la puissance souveraine, de cette puissance dont ils ne sont, en réalité, que les représentants. — Notre société, au contraire, existe en elle-même et par elle-même ; comme la flamme, elle s'alimente de tout ce qui l'environne... Mais si notre organisation est aussi vigoureuse que le despotisme le plus puissant, nous n'avons pas à craindre les dangers des monarchies héréditaires. Notre général sera toujours la plus haute expression de l'énergie, de la patience, de la persévérance de tous combinés en un seul. En même temps il ne nous manque rien de ce qui fait la valeur des gouvernements démocratiques. Dans notre sein, une famille ne s'élève pas au-dessus des autres familles : notre famille à nous, c'est notre Société. Point de luttes personnelles, point d'efforts en dehors de l'intérêt de la Compagnie. Toutes nos intelligences se dirigent vers le même foyer, toutes nos volontés sont absorbées dans la volonté de notre chef. Il voit tout, sait tout, car des millions d'yeux sont ouverts pour lui, des millions d'oreilles écoutent pour lui. Les royautés et les républiques ne voient jamais dans tous leurs détails les évènements qui se passent sur la terre : notre général seul en saisit l'ensemble et les juge avec certitude...

Il parlait avec tant de chaleur qu'il fut obligé

de s'arrêter pour respirer. Je profitai de ce moment pour prendre la parole à mon tour; mais je l'avoue, les idées me faisaient défaut. Cet homme m'avait épouvanté, plus peut-être par l'assurance avec laquelle il déroulait devant moi les plans de sa Société que par ses paroles mêmes.

— Vous m'avez bien renseigné sur le but final de la compagnie, lui demandai-je; j'entrevois maintenant l'immensité de ses vues; mais vous ne m'avez pas dit comment elle entendait les réaliser?

Il passa la main sur son front, et me répondit :

— N'avons-nous pas été chassés de partout? N'existe-t-il pas des lois contre nous; et cependant existons-nous encore? Ne sommes-nous pas plus puissants que jamais? Y a-t-il une seule artère de la France qui batte sans notre ordre? Nous sommes donc déjà plus forts que la loi. Or, remarquez-le bien, les rois commencent à être plus faibles qu'elle : nous sommes donc déjà plus forts que les rois....

Ce sophisme m'éblouit tout d'abord. Je ne songeai pas que si les jésuites étaient plus puissants que la loi, c'est que les rois la faisaient courber devant eux, et que, par conséquent, ce n'était pas leur puissance, mais celle des rois qui dominait la loi. Je n'avais pas encore assisté au grand spectacle de 1830. J'appris alors en qui résidait la véritable puissance...

VIII

Je me taisais ; le jésuite continua :

— Nous avons embrassé toute la terre. Dans le plus petit coin du globe, la société compte un correspondant, un agent, un embryon d'association. Y a-t-il un gouvernement, quel qu'il soit, qui puisse en dire autant ?... A Rome centre du catholicisme, nous soutenons à grand'peine la caducité de la tiare ; mais ce corps décrépit reprendra toute la verdeur de la jeunesse aussitôt que le pouvoir des successeurs de saint Pierre sera remis de droit entre les mains de notre général. Nous seuls pouvons relever le grand édifice du catholicisme et l'asseoir sur des bases éternelles. Nous n'obéissons pas, nous, à un débile vieillard rallumant sa pensée éteinte aux feux divergents de son conseil de cardinaux : celui qui nous commande a une volonté toujours en éveil, toujours énergique, toujours inflexible. Pleins de la conscience de notre force, pénétrés de la foi qui transporte les montagnes, nous avançons, confiants et calmes, vers l'avenir... Depuis un demi-siècle, toutes les puissances de la terre ont été déplacées ; toutes les limites naturelles qui séparent les nations ont subi elles-mêmes de profonds changements. Un instant le génie d'un conquérant a courbé l'Europe entière... Cherchez aujourd'hui ses vestiges... Et nous, nous n'avons pas changé, ou plutôt pendant que l'Europe, délivrée de Bonaparte, semble revenir sur ses pas, nous marchons toujours... Tant que l'empire du monde sera partagé entre des volontés rivales, la lutte enfantera la lutte, la guerre succédera à la guerre ; en un mot, laisser le champ libre à ces volontés diverses, c'est ouvrir l'arène aux indomptables passions humaines ; c'est-à-dire c'est perpétuer dans le monde les désordres, les rivalités, les haines, les meurtres, les guerres et les dévastations. Or, est-ce donc ce que l'on doit souhaiter, dites-le moi ?

Il s'arrêta, et me lança un regard dans lequel se peignait une conviction si profonde que je fus un instant fasciné ; cependant, avec la réflexion, le sang-froid me revint.

— A merveille, répondis-je à mon confrère. Mais, si vous amortissez toutes les volontés, vous tuez l'intelligence, et il ne vous reste plus que des machines humaines fonctionnant plus ou moins bien.

— Que nous faut-il de plus? s'écria-t-il. La terre, la lune, toutes les planètes ne sont-elles pas des machines fonctionnant sous la main de Dieu et fonctionnant de toute éternité... Je me trompe, depuis la création de l'univers.

Je n'eus pas l'air de prendre garde à ce singulier correctif, et je continuai en ces termes :

— Si vous étouffez l'intelligence, que deviendra, ce qui a fait la gloire et la splendeur des peuples? Les arts, les sciences, toutes les productions de l'esprit doivent donc périr?

— Oui, et nous scellerons la pierre sur leur tombe, se hâta d'ajouter le jésuite d'un air de triomphe.

Il remarqua probablement l'impression pénible que me firent éprouver ces paroles, car il continua d'un ton plus bas et en laissant retomber ses paupières :

— Les peuples qui ont vécu de la vie de

l'intelligence, où sont-ils? Ceux qui, aujourd'hui, vivent de cette vie ont-ils atteint ce fantôme de bonheur et de liberté qu'ils poursuivent avec une ardeur insensée? L'asservissement absolu ne vaut-il pas mille fois mieux qu'une existence bouleversée par les passions et gémissant sans relâche sous le poids des douleurs?

— Mais ce n'est pas de la vie que vous me parlez! m'écriai-je, c'est de la mort... Quoi! je sens, et vous voulez que, niant ma propre nature, je détruise l'œuvre de Dieu; quoi! je pense, et vous voulez que j'éteigne le flambeau de la pensée. Je puis élargir le cercle de mon intelligence, et vous voulez que je la rétrécisse et que je la brise! De la terre illuminée vous voulez faire le royaume des ténèbres? Oh! je conçois qu'on vous ait maudits et que vous soyez en exécration au monde entier...

— Assez, monsieur, interrompit le jésuite,

assez, nous ne pouvons plus nous entendre.

Il se leva, prit son tricorne, me fit une profonde inclination et se retira lentement.

Le lendemain, je descendis à l'heure ordinaire à la salle à manger. Mon confrère m'y attendait. Contre sa coutume, il avait l'air presque riant. Il m'aborda d'un air gracieux et demanda à déjeûner. J'étais encore sous le coup de notre conversation de la veille ; mais il ne fit pas semblant de s'apercevoir de mon trouble.

— Mon cher abbé, me dit-il tout en déjeûnant, j'ai eu l'occasion de parler de vous à une grande dame très comme il faut (style du temps). On trouve que vous menez une vie trop retirée ; on désirerait vous connaître. C'est qu'on espère que vous pourriez coopérer à une bonne œuvre. J'ai promis de vous produire. Il s'agit de faire du bien : vous ne me refuserez pas.

Je restais immobile et muet ; il ne voulut pas encore le remarquer, et il ajouta :

— Dans le temps où nous sommes, la vie du prêtre doit être active et pleine d'œuvres. Le Seigneur attend les moissonneurs pour leur payer leur salaire.

— J'irai, lui répondis-je sans trop savoir ce que je disais, j'irai ; je vous demande seulement quelques jours pour terminer une affaire qui m'intéresse personnellement.

Là-dessus nous nous quittâmes bons amis en apparence. Sa brusque proposition m'avait pris tellement au dépourvu que je n'avais pas su dire non ; mais je n'en étais pas moins rempli d'inquiétude. Sa voix était douce, son regard affectueux, et je savais que le jésuite n'est jamais plus dangereux que lorsqu'il caresse, car alors il médite le mal.

Quand je fus seul avec Yvonne, je me trouvai plus à l'aise. Mon cœur avait besoin de s'épancher, et je me hâtai de raconter à ma gouvernante toute la conversation de la veille avec le jésuite.

Yvonne, ainsi qu'on a pu déjà le remarquer, avait une intelligence supérieure à celle des gens de sa condition. Elle devint rêveuse et me dit, après quelques instants de silence :

— J'ai toujours ressenti de l'éloignement pour cet homme, vous le savez. Quand j'entre dans sa chambre, j'ai toujours la vue attristée des têtes de mort qu'il a sur son prie-Dieu. Il vous fera du mal, mon pauvre Daniel.

— Je le crains, répondis-je ; mais la sottise est faite ; il faut se résigner.

— Vous voilà bien toujours le même avec votre mollesse de caractère, répliqua-t-elle. Ce sont les gens qui se résignent qui vont à la Trappe.

Le mot porta juste : je me relevai de toute ma hauteur.

— A la Trappe ! m'écriai-je, le temps en est passé ; les années et les souffrances m'ont fait homme, et je ne me résignerai plus. Il y a de la publicité en France ; j'élèverai la voix, et elle trouvera des échos.

Yvonne haussa les épaules, et, posant une main sur mon épaule :

— Combien cette énergie durera-t-elle ? Pauvre Daniel ! Ils ont courbé ton caractère, et ils l'ont forcé à reconnaître toi-même que tu étais plus faible qu'eux. Oh ! j'ai bien souvent maudit l'idée que j'ai eue de faire de toi un prêtre. Je voulais te donner une vie douce et tranquille comme celle de mon vieux maître ; j'avais oublié que tu étais jeune, et qu'un jour ton cœur et tes sens parleraient. Je t'ai rendu bien malheureux : peut-être serai-je encore la cause de quelque chagrin pour toi... Mais je suis folle, ajouta-t-elle en s'essuyant les yeux ; c'est vrai, tu m'effraies toujours avec tes imaginations, Allons, allons, du courage! Sois prudent, discret et surtout prends garde au jésuite! Du reste, je le surveillerai moi aussi pour défendre mon enfant.

Elle se prit à sourire ; elle était vieille et laide, et cependant ce sourire était si plein de bonté qu'il donnait à son visage une touchante expression de grâce.

Deux jours s'écoulèrent sans que mon confrère me parlât de sa proposition. Mais j'étais sûr qu'il ne l'avait pas oubliée. Ces gens-là ne s'expliquent jamais qu'à demi-mot, et leurs moindres paroles sont toujours calculées.

Le troisième jour, un matin, je reçus une visite fort inattendue. Une dame, jeune encore, mise avec une élégante simplicité, demanda à me voir. La façon dont elle se présenta décelait une femme du monde ; ses traits, d'une grande régularité, portaient un cachet de pruderie qui me déplut de prime-abord. Cependant elle était belle, et sa présence produisit sur moi une impression très vive et très soudaine. Je fus tellement interdit à sa vue que j'oubliai les plus simples devoirs de la politesse et lui laissai prendre elle-même un siége. Elle entama la conversation avec une aisance qui me surprit singulièrement.

C'était elle qui avait parlé de moi au jésuite.

— Je vous avoue, me dit-elle, que j'ai jeté les yeux sur vous, de préférence à tout autre prêtre, parce que vous êtes inconnu du monde et que votre vie retirée vous rend particulièrement propre à l'œuvre sainte et louable que je veux accomplir. En deux mots, il s'agit de ramener à la vertu un jeune homme de bonne famille, qui me touche de très près, et qui s'est malheureusement laissé séduire par une intrigante.

— Mais, madame, comment pourrais-je vous être utile dans cette circonstance? Je ne connais pas le monde, vous le savez, et je n'ai jamais eu occasion d'étudier les femmes du genre de celle dont vous me parlez. Choisissez un prêtre moins inexpérimenté que moi, je vous en prie. Mon insuffisance me fait peur.

Ses yeux étaient fixés sur les miens ; elle semblait m'écouter avec plaisir ; je crus même que son regard perdait de son austérité.

— Monsieur l'abbé, me répondit-elle, c'est précisément parce que vous êtes tel que vous venez de le dire, que je vous regarde comme le seul homme en état de mener notre entreprise à bonne fin. Votre confrère connaît le monde aussi bien que qui que ce soit, et cependant il a échoué, peut-être à cause même de cela. Le jeune homme qu'il s'agit de rappeler dans la bonne voie n'est qu'égaré ; son éducation a été toute chrétienne : c'est un élève de Saint-Acheul. Il vous comprendra ; vous lui inspirerez de la confiance. Son caractère est bon et faible; vous le dominerez et, en définitive, vous rendrez à une grande et honorable famille un service qu'elle ne pourra jamais oublier.

Je voulus en vain me défendre. Elle fut si pressante, si adroite, si persuasive, que je cédai. Il fut convenu que je l'irais voir le lendemain; qu'elle me mettrait en rapport avec le jeune homme; et qu'elle m'aiderait de ses conseils.

J'ai toujours eu en horreur les voies détournées, et j'éprouvais une instinctive répugnance à me prêter à cette espèce d'intrigue; mais je fus dominé. Il faut bien que j'en fasse l'aveu, cette femme, que j'avais pu examiner à mon aise, me paraissait belle et spirituelle. Les petites attentions qu'elle avait eues pour moi, les paroles flatteuses qu'elle m'avait prodiguées, la bonne opinion qu'elle avait de mon esprit, enfin la fascination de son regard me subjuguèrent. Cependant je conservai un sentiment d'éloignement pour la mission dont je m'étais chargé presque sans y penser.

Yvonne, prévenue par moi, me dit que j'aurais dû refuser tout net. Mais ma promesse était engagée, et je voulus la tenir tout en conservant le vague pressentiment que j'allais me heurter contre quelque nouvel écueil.

Mon rusé confrère, qui savait quelle visite j'avais reçue, ne m'en dit pas un mot. En revanche, il se déchaîna avec violence contre l'évêque Feutrier, qui venait de rendre, en sa qualité de ministre de l'instruction publique, je ne sais quelle ordonnance dont Messieurs de la compagnie de Jésus se trouvaient outrageusement blessés.

— C'est, disait-il, un grain de sable jeté devant la marée montante. L'éducation publique nous appartient, et nous l'aurons. Les résolutions des rois et des ministres changent avec d'autres ministres et d'autres rois, et nous, nous sommes immuables. L'avenir nous appartient..... Charles X, ajoutait-il, est moins qu'un homme ordinaire; depuis Louis XIV, les Bourbons n'ont pas eu un seul homme dans leur famille.

— Cependant, lui dis-je, je vous ai entendu faire quelque cas de Louis XVIII.

— Oui, me répondit-il, quand je parlais d'Horace. Il était presque un père Jouvenci. Comme roi, il n'a songé qu'à la tranquillité de son règne; jamais à l'avenir de la monarchie. En somme, il y avait en lui trop d'érudition, trop de politique personnelle, trop de philosophie, et certes il n'eût pas signé la révocation de l'édit de Nantes et ordonné les dragonnades. Il faut à la France un roi *retors*. Charles X n'a pas le sens commun. Quand madame d'Angoulême l'a décidé à prendre une bonne résolution, il se trouve autour de lui des gens qui lui font peur pour la monarchie, et il signe les yeux fermés tout ce qu'ils veulent. Ne voilà-t-il pas que monseigneur Feutrier obtient de lui aujourd'hui une ordonnance qui donne gain de cause contre nous aux philosophes libéraux. Et songer que c'est un évêque qui commet cette bévue!..... Les temps viendront, et heureusement ils ne sont pas bien éloignés, où les rois choisiront des ministres plus intelligents et iront chercher ailleurs leurs inspirations. Voyez : la France se prêtait à tout avec une soumission admirable; les chambres ne coûtent au gouvernement que quelques millions et des emplois; le grand mot de liberté sonne creux, on ne le prononce plus que par un reste d'habitude, et c'est ce moment qu'un évêque choisit pour se lever contre nous! Mais il est donc abandonné de l'esprit de Dieu?...

Il était tellement irrité qu'il oubliait sa réserve et sa prudence habituelles. Je l'écoutais en silence. Il se donna carrière et me fit un tableau dégoûtant du servilisme et de la corruption des chambres.

— Nous en ferions ce que nous voudrions, ou plutôt elles feraient ce que nous voudrions, s'il nous convenait de les acheter.

Ce ne fut que longtemps après que je pus comprendre ce que les assertions de mon confrère avaient de fondé. Jusque-là, je n'avais été initié à la vie publique que par le petit côté des intrigues de village ou des conversations de province. La société dans laquelle on m'introduisit, le jour même de cet entretien, commença mon éducation. Ce jour-là, en effet, je me présentai chez la dame dont j'avais reçu la visite la veille.

Elle était en compagnie d'une dame beaucoup plus âgée qu'elle, et parée avec une recherche presque ridicule.

Je suis naturellement timide, mais assez bon

observateur, lorsque mon esprit n'est pas distrait par quelque passion. J'observai les deux dames.

La plus âgée ne me plut pas. Pourquoi? Je n'en sais rien. La plus jeune, au contraire, acheva de me charmer. Je remarquai son profil net et prononcé, l'éclat vif et tendre de ses yeux, et, puisque je dois tout confesser, son pied mignon coquettement chaussé. Aussi bien, entre le prêtre et l'homme du monde, quelle est donc la différence? Une soutane et rien de plus...

Elle s'exprimait avec grâce, et ses paroles étaient senties. La vieille était là pour servir de contraste et faire ombre au tableau. Son langage mystique, traînant d'ordinaire et parfois saccadé, me rappela Leognan de triste mémoire. Elle était dame patronesse et l'une des quêteuses en titre de Madame la duchesse d'Angoulême : en somme, un cœur sec et décrépit.

La conversation exhala d'abord un parfum de sainteté. Mon habit me valait cet honneur. De là, on passa aux puérilités qui se débitent dans le monde ; et enfin, par une adroite transition, l'on arriva au but.

La vieille dame était la grand'tante d'un jeune mauvais sujet, qui, à la sortie de Saint-Acheul (abomination de la désolation !) s'était jeté dans la dissipation et marchait sur les traces des roués de la régence. Or, ce jeune homme ayant pris le mors aux dents, était aussi insensible aux sages avis de sa grand'tante qu'aux douces admonitions de la plus jeune dame, qui était sa mère, et se livrait à toute la fougue d'un tempérament ardent et passionné. On lui avait passé un caprice pour une fille d'Opéra. Ces sortes de fantaisies durent peu, et les fils de famille doivent bien avoir quelques privilèges. Mais il s'était avisé de s'amouracher d'une fille de rien ; il avait réformé le désordre de sa vie, et cela devenait plus sérieux. La débauche n'effrayait pas : les miséricordes de Dieu sont infinies; mais une mésalliance épouvantait.

Ce pauvre jeune homme était évidemment tombé entre les griffes de Satan, et la religion pouvait seule le sauver. Par malheur, il avait pris les jésuites en horreur, — chose toute simple, puisqu'il était sous l'empire du démon. — Mon confrère avait échoué, et monseigneur l'archevêque n'avait pu obtenir qu'une visite de lui. Il était perdu sans rémission, si Dieu ne m'aidait pas dans ma sainte entreprise.....

La vieille dame pérora ainsi plus d'une heure, sans que je songeasse à l'interrompre. J'avais bien d'autres pensées en tête. Je regardais la jeune dame, qui, elle aussi, m'adressait quelques regards, et cette conversation muette avait pour moi plus d'intérêt que le bavardage de la grand'tante. Un feu inconnu, que je n'avais jamais ressenti près de Marguerite, circulait dans mes veines. Les yeux de cette femme jetaient le trouble dans mes sens; je tremblais, et la sueur baignait ma poitrine; je souffrais de l'ardeur de mes désirs, et cependant je me trouvais heureux. Je n'osais m'avouer que la jeune dame partageait mon émotion, et pourtant, à la seule pensée qu'il en pouvait être ainsi, je me sentais enivré de joie...

Enfin, à bout de caquet ou épuisée de fatigue, la grand'tante se tut. Il fallait parler à mon tour. Je m'en acquittai avec embarras, avec gaucherie, mais je promis tout ce qu'on voulut. C'était le seul moyen d'entretenir mes relations avec cette famille. Il fut donc convenu que je rencontrerais comme par hasard l'enfant prodigue, que je me lierais avec lui et que je ferais ensuite tout ce que les circonstances permettraient, pour l'honneur d la noble famille qui me confiait ses plus chers intérêts.

Le sujet était épuisé ; j'allais me retirer lorsque la jeune dame, avec cette grâce dont les Parisiennes ont seules le secret, me retint à dîner. J'eus la sottise de refuser d'abord cette invitation et de me faire prier ; trop de sentiments remplissaient mon cœur pour que ma résistance pût être sérieuse : je finis par accepter.

Uue femme, une femme du monde surtout, a plus d'empire sur elle-même qu'un pauvre abbé qui n'a connu que les passions du cœur, passions solitaires et timides qu'un regard fait rougir.

Madame de D.... fut charmante pour moi ; mais si ses yeux ne m'eussent éloquemment donné le commentaire de ses paroles je ne l'aurais crue que polie.

Nous n'étions que trois et il y avait quatre couverts. La jeune dame était veuve depuis plusieurs années, et le quatrième couvert était celui de l'enfant prodigue de la grand'tante. Quoiqu'il vînt assez rarement s'asseoir à la table de famille, sa place y était toujours marquée.

J'étais à la gauche de madame de D...., peut-être eussé-je mieux aimé me trouver en face d'elle. Au lieu de manger je recherchais les occasions de rapprocher ma main de la sienne. M'adressait-elle la parole, j'aurais voulu aspirer son souffle. Absorbé tout entier dans ma préoccupation, je ne voyais ni n'entendais la vieille dame, qui n'en allait pas moins son train, mangeant, buvant et bavardant tout à la fois. Ma voisine eut pitié de moi ; elle redoubla d'attentions, de petits soins ; c'était verser de l'huile sur le feu. Enfin, le jeune héritier arriva, peut-être pour mon salut. Il alla baiser avec une politesse exquise la main de sa grand'tante, vint ensuite offrir sa joue à sa mère, et finit par me saluer tout en me jetant un regard investigateur et peu bienveillant.

C'était un grand jeune homme, blond, pâle, mince, mais d'une parfaite élégance et d'une rare distinction ; son visage révélait un caractère doux et énergique en même temps. Il pouvait avoir de dix-neuf à vingt-un ans. Il me convint en dépit du coup-d'œil hostile qu'il m'avait lancé en entrant.

La conversation fut aussi indifférente que conversation puisse être. Je devais paraître admis au dîner par un de ces hasards qui sont si fréquents dans le monde. La haute piété de la grand'tante autorisait de reste la présence d'un ecclésiastique à sa table. Distrait bon gré malgré par l'arrivée de M. de D..., je pris part à la conversation. Je parlais alors avec une extrême facilité ; j'avais de la chaleur et de l'imagination. Je voulus d'abord plaire au jeune homme et aussi prouver à sa mère que je n'étais pas au fond si rustique peut-être que j'avais dû le lui paraître.

Lorsque je veux jouer un rôle, j'entre d'abord assez gauchement en scène ; mais, l'imagination aidant, je finis par m'identifier si bien avec mon personnage, que je m'oublie et joue d'après nature : c'est ce qui m'arriva ce jour-là. Maurice, tel était le nom du jeune héritier, avait avancé quelques idées libérales, acquises sans doute dans la fréquentation de « la fille de « rien ». J'entrai dans ses vues, et je m'exprimai avec une si chaleureuse conviction, que je le gagnai.

La grand'tante et la mère étaient enchantées ; elles trouvaient que je comprenais admirablement ma mission. Leur joie fut à son comble lorsqu'elles virent Maurice me prendre amicalement le bras et me conduire au jardin.

Ce qu'il y a de curieux dans tout cela, c'est

que nous jouions un jeu dont les deux dames étaient dupes. Le jeune patricien avait touché, à son insu, la fibre sensible, et l'enfant du peuple s'était abandonné de bonne foi aux élans de son âme.

Maurice comprenait tous les abus de l'aristocratie, et, noble par sa naissance, il appartenait au peuple par ses généreuses sympathies.

Jamais je n'ai rencontré plus noble cœur.

Nous causions en nous promenant.

— J'ai reçu, me disait-il, une éducation abrutissante. Si ma nature douce et ferme ne m'eût préservé de ses effets, je serais devenu, comme tant d'autres, un fanatique stupide. On ne voulait pas que je fisse usage de ma raison et que j'essayasse de former mon jugement en dehors des autorités ecclésiastiques. Par bonheur, mon excellent père avait préparé le terrain pour une semence plus féconde. Chez les jésuites, mes études ont été viciées ; sous leurs mains, tout était dénaturé, car tout se rapportait à la glorification exclusive de leur compagnie. Ces gens-là ont mission de détruire le libre arbitre et de ramener la société tout entière sous la direction des prêtres. On exaltait ma famille pour m'asservir par l'orgueil ; on me vantait le passé, et l'on avait soin d'ajouter que l'église dominait alors. Timide, je me taisais, mais j'observais, et je quittai Saint-Acheul avec dégoût. Vous le dirai-je, la religion ne me semblait que du charlatanisme. Je suis revenu à des sentiments meilleurs, et c'est à des gens du peuple que je le dois. Mais je vous raconterai tout cela une autre fois ; je veux vous aller voir : vous êtes le seul prêtre qui ne m'ait pas inspiré de l'antipathie.

La mère et la grand'tante m'attendaient au salon ; j'y vins seul. Maurice s'était retiré chez lui.

Je crus un instant que la vieille dame allait

m'embrasser, tant elle était enchantée des progrès que j'avais faits dans la confiance de son petit neveu. La satisfaction de la mère me toucha davantage. J'avais grandi dans son opinion : elle attribuait à une faculté presque merveilleuse l'influence qu'elle croyait que j'avais prise à première vue sur son fils. En un mot, elle fut si bonne, si affectueuse, si caressante même, que je me retirai l'imagination pleine d'elle. Il me tardait de la revoir. Le champ était libre : je ne craignais pas qu'on trouvât jamais mes visites trop multipliées.

Voilà donc mon repos encore troublé, mes sens mis en émoi, et le pauvre prêtre aux prises avec une organisation dont l'ardeur avait été comprimée, mais non vaincue, par des vœux imprudents et contraires à la nature. Qu'allait-il arriver ?

IX

J'essaierais inutilement de rendre les sentiments qui m'agitèrent lorsqu'après avoir quitté la grand'tante et sa nièce, je me retrouvai chez moi, seul à seul avec la passion naissante.

J'ai passé bien des nuits en proie aux orages du cœur ; j'ai souffert horriblement, plus qu'il n'est donné à une langue humaine de l'exprimer ; mais je le déclare, ces supplices ne sont rien auprès des tortures infligées par les désirs charnels.

L'état dans lequel j'étais me couvrait de tant de confusion, que je le dissimulai à mon excellente gouvernante. Morose, silencieux, je fuyais sa compagnie : il me fallait la solitude pour évoquer en liberté les images voluptueuses qui charmaient et bouleversaient mes sens. La voix impérieuse de la nature me commandait, et je ne me sentais pas la force de résister. Ce n'était plus cette imagination rêveuse qui se crée un ciel, des anges et de pures jouissances; c'était une ardeur, une rage, un brutal délire...

On eût dit que mon confrère prenait un malin plaisir à attiser le feu qui me consumait : il me parlait sans cesse des grâces, des douces manières de la jeune dame; puis il s'apitoyait sur cette mère menacée de voir son nom souillé d'une tache ineffaçable. Il me questionnait sur les plus petites particularités de ma visite; il entrait dans les plus minutieux détails, et ensuite, levant les yeux au ciel, il s'écriait d'un ton béat :

— Que la volonté de Dieu soit faite !

Il semblait pénétrer le secret de ma préoccupation et de mon mutisme. Parfois je croyais voir errer un sourire de pitié sur ses lèvres livides ; c'était aussi quelquefois un sourire de haine. Sa présence me devint tellement insupportable, que j'aurais fini par le congédier si Yvonne n'eût pas été plus raisonnable que moi.

Cniq jours se passèrent avant que je me sentisse le courage de retourner à l'hôtel de la vieille tante ; cependant je brûlais du désir de revoir madame de D.... son image était sans cesse présente à ma pensée.

Ce fut elle qui me rappela en m'accusant d'indifférence ; d'indifférence ? grand Dieu ! Un petit billet m'invitait à dîner. « Son fils, me

« disait-elle, avait été charmé de moi ; il s'était « plaint de mon absence. Je pouvais opérer la « cure que tant d'autres avaient inutilement « tentée et je refusais, etc. »

Avais-je besoin de tant de raisons pour obéir aux secrètes sollicitations de mon cœur? Ce billet acheva de me tourner la tête... Je flairais le papier, et son léger parfum m'enivrait... Je l'avais lu vingt fois et je le relisais encore...

Au milieu de mon trouble, je n'oubliai pas ma toilette. Près de Marguerite, avec l'inconnue elle-même, je ne m'en étais jamais occupé. J'aimais donc autrement.

Ma tête n'était pas alors couverte de cheveux blancs : une chevelure noire, douce et soyeuse, retombait en boucles sur mon cou. Je l'arrangeai avec soin, de façon à dégager les tempes et le front ; j'accommodai mon petit collet avec autant de grâce que ce ridicule ornement en peut donner, et je serrai ma ceinture avec une sorte de coquetterie. Yvonne me trouva bien. Ce compliment me fit d'autant plus de plaisir, qu'elle ne se lassait pas de me reprocher ma négligence à l'endroit du costume.

Me voilà donc en chemin. Je tremblais en approchant du terme de ma course ; elle m'avait paru d'une longueur interminable au moment du départ, et lorsque j'arrivai j'aurais voulu avoir encore un vaste espace à franchir.

Les gens du monde sont convenus entre eux de ne se montrer exigeants que pour les formes extérieures. La politesse y est facile à acquérir, et c'est un apprentissage que le plus sot fait très vite et très bien. Pourtant je n'ai jamais pu m'en tirer. Ma vie est trop intérieure, et quand elle s'épanche au dehors, il m'est impossible de dissimuler mes impressions. C'est là un grave défaut pour un prêtre que ne soutient pas d'ailleurs l'orgueil de sa condition.

La mère de Maurice m'accueillit avec son

amabilité de grande dame, et la grand'tante m'aurait, je crois, serré dans ses bras si nous eussions été seuls. J'étais tellement ému, que je ne sais ni ce que je dis ni ce que je fis en entrant; je ne savais où aller m'asseoir. Madame de D.... eut pitié de mon embarras et me conduisit dans l'embrasure d'une croisée du salon, tandis que sa tante s'entretenait avec des ecclésiastiques que dans mon trouble je n'avais pas encore remarqués.

— Vous ne sauriez croire, monsieur l'abbé, me dit-elle, combien j'espère depuis que vous avez fait la conquête de mon fils. Il nous parle sans cesse de vous et nous presse de vous inviter à nous rendre de plus fréquentes visites.

Ces paroles, prises dans leur sens absolu, ne signifiaient pas grand'chose. Cependant, le ton avec lequel elles étaient dites, le regard, l'attitude de la dame, leur donnaient à mes yeux une immense valeur. J'essayai de balbutier un remerciement; mais aussitôt une rougeur si vive colora mon visage, que je n'osai continuer. Je mourais de honte. Madame de D.... changea de conversation, et, baissant un peu le ton de sa voix, elle me dit :

— J'ai voulu vous ménager une surprise agréable. Madame la marquise de... (celle dont j'avais été le chapelain) dîne avec nous, elle vous a en grande estime, quoiqu'elle vous trouve un peu sauvage et très oublieux.

— J'accepte, répondis-je, la première qualification, mais je repousse la seconde. Je dois beaucoup de reconnaissance à madame la marquise et je ne suis pas assez ingrat pour jamais l'oublier.

— Eh bien ! vous allez le lui dire, ajouta mon interlocutrice, car je crois qu'on vient de l'annoncer.

En effet, la marquise entra au moment même, et je pus remarquer en même temps un mouvement, aussitôt contenu de Madame de D.,.. pour s'éloigner de moi, et un coup-d'œil que nous lançait rapidement la marquise.

Je devais être encore très rouge.

Les manières anglaises étaient à la mode, et les deux dames se prirent la main avec de grandes démonstrations d'amitié. Je m'approchai à mon tour de mon ancienne patrone — qu'on me passe cette expression — et je fus reçu par elle avec une extrême bienveillance.

— Ah ! Monsieur, me dit-elle, en me parcourant de la tête aux pieds, le séjour de Paris opère sur vous, je le vois.

Sa remarque était piquante ; j'en compris la portée, mais cette fois je ne perdis pas mon sang-froid :

— Madame, répondis-je, mon séjour près de vous m'avait préparé à cette métamorphose, et je suis votre œuvre.

Une glace placée en face de moi me permit

de remarquer que madame de D.... nous observait du coin de l'œil, tout en causant avec un ecclésiastique de haute mine. Cette surveillance me donna d'étranges idées, et je me trouvai mal à l'aise à côté de la marquise. La grand'tante qui ne pouvait tenir en place, vint à propos à mon secours. Elle s'approcha de nous et m'adressa des choses si obligeantes que j'en étais tout confus. Pendant qu'elle me parlait, la marquise nous regardait avec cette froideur digne que je lui avais trouvée dans les premiers mois de mon séjour au château.

— Je suis à Paris pour quelques jours, me dit-elle, dès que la grand'tante se fut éloignée ; j'ai des communications qui vous intéressent à vous faire. Venez demain à l'hôtel ; je vous attendrai à déjeûner.

En disant ces mots elle se leva et se dirigea vers l'autre extrémité du salon.

Que le lecteur n'aille pas s'imaginer qu'elle

me donnait un rendez-vous. Nos rapports, pendant les derniers jours que j'avais passés près d'elle avaient été beaucoup plus intimes, plus affectueux qu'au commencement de mon séjour ; mais la parfaite mesure de son langage, la froideur de son caractère ne m'avaient jamais donné lieu de croire qu'elle éprouvât pour moi la plus légère préférence : il aurait fallu un roi pour rendre sensible le cœur de cette femme.

A table, j'étais assis à la gauche de la marquise ; elle avait en face Madame de D.... et à sa droite l'ecclésiastique dont la mine altière avait un instant attiré mon attention. Ce prêtre occupait une grande position à Paris.

De générale qu'elle était d'abord, la conversation devint bientôt plus intime. De temps en temps, la marquise m'adressait la parole, quoiqu'elle parût exclusivement occupée de ce que lui disait son voisin de droite. Du reste, je l'aurais dispensée de cette attention, car j'étais absorbé dans la contemplation de Madame de D.... Je la trouvais pleine de grâce et beaucoup plus belle qu'elle ne m'avait semblé d'abord. Mes yeux rencontrèrent les siens : je la vis légèrement rougir. J'étais à la gêne, et cependant cette situation me charmait.

Jusqu'à ce moment je n'avais vu qu'elle, écouté qu'elle; mais l'intérêt qu'elle montrait aux paroles d'un ecclésiastique de petite taille et d'une figure excessivement spirituelle, assis tout près d'elle, finit par tourner mon attention de ce côté.

Il s'agissait, comme toujours à cette époque, de la marche des affaires publiques. Le petit prêtre parlait bien et avec une rare facilité. Il me parut au courant de toutes choses. Quoique je fusse un étranger pour lui, mon habit me servait de garantie et lui donnait confiance. Roi, princesses, ministres, tout y passa. Il s'exprimait surtout au sujet de la duchesse de Berry d'une façon peu respectueuse. La mitre de Monseigneur Feutrier ne mit pas non plus ce prélat à l'abri des malignes observations du causeur. Son ordonnance du 8 octobre (je crois me rappeler cette date) le déshonorait purement et simplement, à en croire le petit prêtre.

— Nous devons l'en remercier, dit alors l'ecclésiastique voisin de la marquise. Nous nous endormions sur de vaines espérances. Il est bon que le parti libéral nous ait fait sentir qu'il n'était pas mort...

— Et, reprit le premier interlocuteur, que des réformes en haut lieu étaient urgentes.

— Dieu n'abandonnera pas son église, dit sentencieusement la grand'tante...

Un troisième prêtre, dont je ne pouvais voir la figure, ajouta d'une voix flûtée :

— Et les portes de l'enfer ne prévaudront pas contre elle !

La conversation devenait bête. Le petit prêtre qui pérorait avec tant d'esprit la releva.

— De toutes parts, les nouvelles les plus favorables nous arrivent. Les missions produisent des fruits immenses : les masses sont dégoûtées du libéralisme ; la religion reprend ses droits. Le ministère amphibie que nous avons le bonheur de posséder n'aura pas une existence éternelle ; je crois même avoir de bonnes raisons de penser qu'elle sera fort courte...

— Ephémère! monsieur l'abbé, dit emphatiquement le haut dignitaire, qui ne prodiguait pas ses paroles.

— Je le crois ; mais il y a des gens qui veulent faire peur au roi.

— Le roi est chevalier français! répliqua la vieille dame.

On eut la bonté ou la politesse de rire de ce mot.

Je croyais deviner que le petit prêtre grillait

d'envie de nous révéler quelque chose, et je me jetai, un peu à l'étourdie, au milieu de la conversation pour le provoquer.

— Je ne crois pas, dis-je, que le parti libéral soit aussi abattu que vous le pensez. Il porte sur son drapeau des mots qui galvanisent le peuple.

— Et quels sont ces mots ? me demanda presque dédaigneusement le grand dignitaire.

— Est-ce un couplet de la *Marseillaise ?* se hâta d'ajouter le petit prêtre.

Cette ironie me donna de l'audace.

— Non, répondis-je, mais ce sont les mots qui l'ont inspirée, qui ont soulevé la France et qui feront le tour de l'Europe...

— Pourquoi pas du monde? reprit en ricanant le dignitaire.

— Cela est fort possible, répliquai-je sans prendre garde au ton du questionneur.

Madame de D... me regardait avec étonnement.

— Vous vous êtes admirablement approprié les principes de l'opposition, monsieur l'abbé, me dit le petit prêtre.

— Oh! pour le coup vous êtes dans l'erreur, s'écria la marquise, qui sentait que je m'étais fourvoyé. Monsieur ne fait que répéter ce que mon oncle le général lui a dit mille fois. Monsieur l'abbé n'entend rien à la politique, et je vous prie de vous occuper de son éducation. Il est appliqué, laborieux, et votre élève vous fera honneur.

Ma faute était réparée, je n'avais plus qu'à me taire. Mais le diable me soufflait, je crois, et je continuai :

— J'ai vu en Bretagne les mouvements de 1814 et de 1815...

— La Bretagne est une fidèle province, dit le haut dignitaire, vous y avez vu les sentiments de religion et de royalisme éclater à la face du soleil.

— Les choses peuvent paraître telles, vues de Paris, répondis-je ; en fait, sur les lieux on rencontre beaucoup d'indifférence religieuse. Environ deux mille paysans se sont levés en 1815, et trente mille fédérés étaient debout. Voilà ce que j'ai vu, et je ne me suis point fait illusion sur le véritable état des esprits.

Mon accent, sans être animé, était tellement empreint de vérité qu'il se fit un instant de silence. Madame de D... continuait de me considérer avec une vive surprise. Le grand dignitaire reprit la parole, mais il avait perdu son ton dédaigneux.

— Vous habitiez alors probablement les contrées les moins dévouées de la Bretagne ?

— J'étais au centre des croyances, au milieu des populations qui ont résisté le plus longtemps à la république.

— L'église ne périra pas! reprit la grand'-tante qui s'ennuyait d'écouter.

Et la voix flûtée du troisième prêtre répéta comme un écho fidèle :

— Et les portes de l'enfer ne prévaudront pas contre elle...

Un sourire passa sur toutes les lèvres.

Je venais de commettre une de ces imprudences qui peuvent fermer à jamais la carrière d'un homme. Je n'y pensai pas le moins du monde; j'avais cru surprendre une expression de mécontentement sur le visage de madame de D... : pouvais-je songer à autre chose ?

Mon intervention malencontreuse avait changé le cours de la conversation, et elle devint insignifiante jusqu'à la fin du dîner. Lorsqu'on passa au salon, je remarquai avec douleur que madame de D... et la marquise ne semblaient pas faire attention à moi. Mon amour-propre et mon cœur furent également blessés. Le sang breton me monta à la tête ; je pris mon chapeau, et je me disposais à me retirer lorsque la dame, qui m'observait probablement, vint à moi et me demanda de rester encore ; puis, sans attendre ma réponse, elle ajouta :

— Maurice vous attend chez lui.

Un valet me conduisit à l'appartement du jeune homme. Je le trouvai attablé et mangeant seul. Il vint à ma rencontre avec un empressement amical, mais je m'aperçus bientôt qu'il n'attendait pas ma visite. Je gardai mes réflexions pour moi, et je ne lui parlai pas de l'invitation de sa mère.

— Vous avez entendu de la politique *noire*, me dit-il en riant. Quand ma tante a de pareils convives, je me dispense de paraître au dîner.

— J'aurais dû vous imiter, lui répondis-je, car j'ai scandalisé ces messieurs.

— Comment cela ? me demanda-t-il avec vivacité.

Je le lui racontai.

— Comme homme, vous avez bien fait ; en qualité de prêtre, vous avez eu tort... Qu'a dit la grand'tante ?

— Par deux fois elle s'est écriée que l'Eglise ne périrait pas.

— Ah ! diable, cela devient sérieux. C'est son éternel argument quand nous parlons religion et que je lui trace le portrait, — à son grand déplaisir, — des excellents instituteurs auxquels sa haute dévotion avait confié ma jeunesse... Ma tante a pour confesseur le jésuite le plus jésuite que je connaisse. Mais vous devez le connaître aussi, puisqu'il est votre confrère ?

— L'abbé Napoule ! m'écriai-je involontairement.

C'était le nom de mon commensal.

— Oui, lui-même. Ma tante lui trouve une odeur de sainteté toute particulière, parce qu'il a toujours les yeux demi-clos et qu'il ne les ouvre que dans les grandes occasions. Figurez-vous qu'il a persuadé à ma tante que je voulais contracter un mariage disproportionné.. Il a tant d'empire sur elle, que ma mère et moi avons fait de vains efforts pour la dissuader, et ma mère s'est trouvée obligée de feindre d'ajouter foi au conte du jésuite.

— Elle n'y croit donc pas?

— Pas plus que vous n'y croirez quand vous me connaîtrez mieux; l'abbé Napoule lui-même n'y croit pas.

— Et que se propose-t-il donc? demandai-je.

— Ah! c'est un peu long à expliquer, répondit Maurice en quittant le ton demi-badin qu'il avait gardé jusque-là, et je ne sais si je dois vous le dire, car j'ai appris par les indiscrétions de ma mère, indiscrétions toutes volontaires, se hâta-t-il d'ajouter, que nous avions le plaisir de vous connaître, grâce à mondit abbé.

— C'est la vérité, lui dis-je ; mais ne m'enveloppez pas, je vous prie, dans le jugement que vous portez sur son compte.

— Je m'en garderai bien, reprit-il en riant, à moins cependant que vous ne rabattiez la paupière sur ces yeux bleus qui annoncent tant de franchise.

— Oh ! alors, dis-je à mon tour, il sera seul à hériter de votre mauvaise opinion.

— Il voudrait bien hériter d'autre chose.

Et Maurice devint tout-à-fait sérieux en prononçant ces mots.

Je commençais à comprendre, et je redoublai d'attention.

— Lorsque je refusai de retourner à Saint-Acheul, me dit Maurice, et que je me répandis en plaintes contre mes maîtres, l'abbé Napoule résolut de me perdre dans l'esprit de ma tante. Pour que vous compreniez son but, il faut que vous sachiez d'abord où l'on voulait me conduire. L'église est pauvre en gentilshommes; mon caractère semblait doux; je n'avais vécu que parmi des femmes, qui ne m'avaient cependant pas gâté. — Entre les mains des bons pères, j'aurais été, pensait-on, une cire molle propre à recevoir toutes les empreintes... Une fois engagé dans les liens religieux, les plus hautes dignîtés ecclésiastiques m'attendaient, et laveraient la tache de mon origine à demi-plébéienne, car ma mère est une fille du peuple. Voilà, mon cher abbé, ce qu'on soufflait à l'oreille de ma tante. La vérité est que ces magnifiques espérances qui s'adressaient à la vanité et à la dévotion de ma vieille parente cachaient encore un autre dessein : la société de Jésus aimerait autant voir dans ses rangs que dans ceux du clergé séculier un patricien, et surtout un patricien qui a quelques espérances de fortune. A ce sujet, il est bon que je vous dise que la part de l'indemnité accordée aux émigrés qui revenait à ma famille a été attribuée tout entière, par je ne sais quelle combinaison ténébreuse, à mon grand-oncle, dont ma tante, sa veuve, est l'héritière depuis deux ans... Mon père, dans sa jeunesse, écorna sa fortune. Plus tard, il s'en est repenti ; mais le mal était sans remède. Du reste, c'était un esprit élevé ; il fut excellent pour moi, et je n'ai pas à me plaindre. Le partage inégal de l'indemnité l'avait blessé. Il prit en aversion la robe noire, et me vit partir avec peine pour Saint-Acheul. Aussi me donna-t-il, en se séparant de moi, un petit *Memento* qui m'a sauvé des mains des Philistins... Mais je vous ennuie avec tous ces détails assez confus, me dit Maurice en s'interrompant.

— Continuez je vous prie, lui répondis-je,

vous voyez que mes paupières ne se baissent pas.

— Si je n'étais sûr que mon père, reprit le jeune homme, a vécu presque toujours loin des gens d'église, je croirais vraiment qu'il a porté le petit collet, tant le tableau qu'il me fit de la sainte maison où j'allais passer ma jeunesse sous l'aile du Seigneur était fidèle. En somme, ses avertissements me servirent si bien, que les bons pères jetèrent leurs semences sur un sol stérile. Mon retour inattendu exaspéra ma tante. Les soutanes rôdèrent autour de moi et m'observèrent ; « ma fuite n'était peut-être « qu'une équipée de jeune homme ; il fallait « ramener à tout prix la brebis au bercail, pour « la soustraire à la dent du loup. » Ces messieurs ont toujours les expressions les plus tendres à la bouche quand ils parlent de la jeunesse... Je vous scandalise peut-être ? dit Maurice en s'arrêtant encore.

— Pas le moins du monde! répliquai-je en souriant.

— Ma conduite aurait bien vite rassuré ma tante, si les bons pères lui eussent permis de voir juste ; mais ils avaient un autre intérêt. Ils prirent à tâche d'exagérer quelques étourderies commises en compagnie de jeunes gens sortis comme moi de leurs écoles et tombés sérieusement dans le libertinage. Ma mère et moi quand nous voulûmes désabuser la grand'tante y perdîmes notre latin. Elle était tellement exaspérée qu'elle finit par nous dire : qu'il valait mieux écouter la voix de Dieu que celle du sang. Mes affaires allaient mal. Ma mère se dévoua. Elle feignit d'entrer dans les vues de la pauvre bonne femme, pria avec elle pour l'enfant prodigue, accepta un logement ici, et je parus dès ce moment placé sous une double surveillance. Cette habile conduite faisait merveille lorsqu'une nouvelle calomnie faillit tout perdre.

Je suis fou de musique et de peinture. Je fréquentais les artistes. Une jeune femme d'un talent extrêmement remarquable comme peintre attira, à ce seul titre, mon attention. On en profita pour diriger de nouvelles batteries contre moi. Ma tante apprit que l'artiste était une coquette dangereuse qui visait depuis longtemps à un grand mariage, et qui en remontrerait à Satan lui-même dans l'art de tendre ses filets. Voilà ma tante doublement furieuse; d'abord parce que j'allais imiter mon père, et ensuite parce que je devais achever de me pervertir. Ma mère, quoique jeune encore, a toute la finesse et toute la pénétration d'une femme qui a passé de longues années dans le monde. Elle agit avec tant d'adresse auprès de ma grand'tante qu'elle parvint à balancer la victoire entre elle et les jésuites. C'était beaucoup. Cependant je me vis assiégé de nouveau par les robes noires. Je perdis patience : les bons pères ne voulaient pas autre chose ; ma mère m'en avertit, mais j'ai le sang un peu vif. Enfin, je fis toutes les concessions qu'on me demandait, en me réservant seulement de ne pas manger régulièrement à la table de famille : les sermons, les admonitions, et les avertissements bibliques de ma tante me rappelaient beaucoup trop Saint-Acheul.... Après ce trop long exposé d'une situation qui n'intéresse que moi, j'arrive à vous maintenant. Ma mère a imaginé une ruse excellente pour dépister nos saints adversaires : elle s'est informée près de ses amies s'il y avait à Paris un prêtre étranger à la politique jésuitique, c'est-à-dire sans ambition, madame la marquise de..., dont vous avez été le chapelain, vous a indiqué, et...

Il me regarda en face en s'exprimant ainsi, et probablement il fut content de cet examen, car il ajouta presque aussitôt :

— Et vous pouvez rendre un grand service à ma mère et à moi.

Comme je me taisais, il me dit :

— Vous me rendrez la justice de croire que je ne voudrais pas vous demander quelque chose de contraire à l'honneur.

Si je gardais encore le silence, c'est que mes passions faisaient aussi leur petit calcul.

— Je vous le répète, reprit Maurice, je ne demande rien qui soit contraire à la dignité d'un honnête homme.

— J'en suis si convaincu, répondis-je, que je me mets à votre disposition et à celle de madame votre mère; vous ne trouverez jamais en moi qu'un seul langage et un seul visage.

— Oh ! je vous arrête à ce mot, me dit-il ; il faudra, au contraire, me montrer quelquefois un visage plus sévère que celui d'aujourd'hui. Diable ! la grand'tante croirait que je vous ai ensorcelé... Ne riez pas, elle en est capable ;

ne l'ai-je pas entendue citer un jour, à propos de l'artiste en question, je ne sais quel passage d'un père de l'église qui prouvait indubitablement que des femmes avaient usé de charmes magiques pour enchaîner leurs amants...

Il allait continuer lorsque Madame de D... entra.

— Vous avez été blessé à la fin du dîner, me dit-elle aussitôt.

— Je vous demande pardon, Madame : c'est moi qui crains d'avoir blessé...

— Vos confrères? peut-être ; mais ce n'était pas là une raison suffisante pour vous enfuir. Vous m'avez mise dans la nécessité de faire un mensonge. Maurice ne vous attendait pas ; mais je suis convaincue qu'il ne m'en veut pas de ma petite supercherie.

— Oh ! vraiment non, s'écria-t-il ; j'ai plus avancé notre affaire avec ma franchise, que vous ma mère, avec vos finasseries et vos tâtonnements.

Il raconta alors notre conversation.

Le regard que m'adressa madame de D...
était plein de reconnaissance et me causa quelque trouble ; cependant les explications de son fils avaient un peu changé le cours de mes idées. Il y a en moi une certaine fierté, et surtout beaucoup de susceptibilité. Je n'aime pas à être pris pour une machine obéissante et traité en conséquence. Sous l'impression de ce sentiment je gardai une attitude très froide et je sus comprimer l'émotion qui me suffoquait. Madame de D... s'aperçut de ma contrainte.

— Cette soirée vous a été pénible, me dit-elle.

— Oui Madame, j'ai craint d'avoir manqué aux convenances vis-à-vis de vous ; j'étais votre convive...

— Oh ! ne parlez plus ainsi, Monsieur, ré-

pondit-elle, vous êtes aujourd'hui l'ami de mon fils et le mien.

Je remerciai par une légère inclination.

— Et Madame la marquise? repris-je. Elle doit avoir été blessée de la manière dont je me suis exprimé : ces opinions sont si loin des siennes !

— La marquise en a été ravie; du reste, puisque vous déjeûnez demain chez elle, vous saurez d'elle-même ce qu'elle pense à ce sujet.

Comme je paraissais surpris, madame de D... m'expliqua que la marquise entrait d'autant mieux dans ses vues, que c'était elle qui avait donné le conseil d'agir de cette façon ; aussi trouvait-elle que je les avais servies à souhait.

Je ne revenais pas de mon étonnement, et je

ne pouvais concevoir comment, en attaquant le parti prêtre, je servais à souhait les desseins d'une femme toute dévouée au clergé, par ambition, il est vrai.

IX

Je me retirai charmé et piqué tout à la fois. J'étais charmé de pouvoir être agréable à une femme qui avait éveillé en moi des ardeurs inconnues ; piqué parce que mon amour-propre, qui avait attribué à ma personne l'accueil de madame de D... voyait avec dépit qu'il fallait en rabattre et chercher la cause de cette bienveillance en dehors de mon mérite personnel.

J'étais fort agité et j'avais besoin de mouvement. Au lieu de prendre un fiacre pour retourner chez moi, je résolus, quoique la soirée fût avancée, de faire la course à pied.

Il y avait trop peu de temps que j'habitais Paris, et je sortais d'ailleurs trop rarement pour connaître les rues. Après avoir longtemps marché, je m'aperçus que je m'étais égaré. Un passant m'indiqua mon chemin en m'engageant à prendre une voiture à la première station.

Mais j'étais si préoccupé de ce que je venais d'apprendre, si absorbé par l'idée de mon désappointement, que j'allais toujours en avant sans prendre garde à la direction qu'on m'avait donnée pour atteindre une place de fiacres. Tout-à-coup débouchèrent d'une petite rue à ma droite quatre ou cinq hommes qui s'arrêtèrent en me voyant. Je m'arrêtai aussi, et j'éprouvai un vague sentiment de crainte. Un de ces hommes s'avança vers moi; la lueur d'un réverbère lui permit de voir mon costume. Il poussa un éclat de rire, et, se tournant vers ses camarades :

— Un calotin en bonne fortune dans notre quartier ! leur dit-il.

— Il faut, répondit un autre, que le curé vienne prendre la goutte avec nous. La nuit est humide, ça lui fera du bien.

Et sans plus de façons, deux de ces hommes me saisissent sous les bras et m'entraînent dans une rue latérale, tandis que deux autres marchent en avant.

A leurs discours, j'eus bientôt compris que j'étais tombé entre les mains de gens ivres, appartenant à la dernière classe du peuple. J'essayai de leur faire entendre raison ; ils me répondirent par de grossiers éclats de rires. Enfin, nous arrivâmes devant une petite maison, et l'on me poussa dans une allée basse et étroite.

Je commençais à éprouver de vives inquiétudes. J'étais d'un caractère peu craintif, et j'avais une assez grande vigueur ; mais, sans armes, je me sentais incapable de lutter contre quatre hommes.

Au bout de l'allée nous descendîmes plusieurs marches. Le mur contre lequel je m'appuyais était humide et gluant ; un bruit sourd parvenait à mon oreille. Peu après j'entrevis de la lumière à travers les fentes d'une porte ; elle s'ouvrit, et l'homme qui marchait à notre tête ôta son mauvais chapeau et s'écria d'un ton moitié sérieux, moitié plaisant :

— Salut à l'honorable compagnie ! Je vous amène un curé...

Les hourras accueillirent mon entrée ; les buveurs, — car c'était dans un cabaret du plus bas étage qu'on m'avait entraîné, — les buveurs se levèrent et firent cercle autour de moi. Je pris assez d'empire sur mes nerfs pour garder bonne contenance, et quand les premiers élans de la gaîté générale se furent apaisés, je demandai d'un ton passablement ferme, à l'homme qui me tenait encore sous le bras gauche, de quel droit il m'avait arrêté et conduit dans un pareil endroit.

— Eh ! dis donc, Bachot, répéta une voix de vieille femme, de quel droit as-tu emmené ici Monsieur l'abbé ?

— Oui, oui, de quel droit ? crièrent les autres.

— Dam ! reprit Bachot, par le droit qu'on ramasse ce qu'on trouve.

— Est-il godiche, avec son droit, riposta la vieille à figure bourgeonnée ; il fallait nous dire que tu voulais nous amener un joli garçon : ils sont rares pour le quart-d'heure.

Les quolibets et les grosses et sales plaisanteries partaient de tous les coins et se succédaient comme un feu de file. Je remarquais cependant que plusieurs buveurs paraissaient désapprouver Bachot et ses camarades ; je m'approchai de leur table et je leur dis :

— Messieurs, soyez assez bons pour m'aider à sortir ; ces hommes m'ont rencontré dans la rue, et ils m'ont conduit de force ici.

Ils se regardèrent. L'un d'eux, grand et vigoureux, se leva ; et, s'adressant à la vieille femme dont j'ai déjà parlé :

— La mère, donnez-nous le cabinet et deux bouteilles à quinze.

— Nous voulons garder notre curé, s'écrièrent ceux qui m'avaient amené.

— Il nous faut l'abbé, glapirent plusieurs voix de femmes.

— Eh ! qui vous le prend ? répliqua mon défenseur. Si je veux me confesser, ai-je besoin de tant d'oreilles ?

Un immense éclat de rire accueillit cette plaisanterie.

— Allons, la mère, une chandelle et nos deux bouteilles.

Déjà la vieille se préparait à obéir, lorsque

Bachot et ses trois compagnons protestèrent que puisqu'ils avaient ramassé l'abbé, c'était à eux de le régaler.

— Mais tu n'as pas le sou, gredin, riposta un de mes défenseurs.

Bachot voulut alors me saisir par le bras ; je le repoussai si rudement qu'il alla heurter une table.

— Bravo, l'abbé !.. Bien touché !.. Holà ! Bachot, mouche-toi, mon vieux, hurlèrent les spectateurs.

Il revint sur moi, secondé par ses camarades, qui avaient pris fait et cause pour lui ; mais mon premier défenseur, le saisissant au collet, lui fit faire un tour sur lui-même, et le jeta sur le carreau. A cette chute, ses compagnons, exaspérés, se jetèrent sur nous ; les buveurs se partagèrent en deux camps, et une mêlée générale s'engagea. On se battit d'abord à coups de pieds et à coups de poings ; puis avec les bouteilles et les tabourets.

Je me vis contraint de faire de mon mieux pour me défendre. La colère doublait mes forces. J'empoignai Bachot au cou et je le secouai avec une telle violence que je le sentis s'affaisser sous ma main. Il tomba... : un coup de bouteille lancé au hasard venait de l'atteindre à la tempe pendant que nous luttions.

— Il a tué Bachot ! cria la vieille ; à la garde ! à la garde !

— Taisez-vous, répondit mon protecteur, et approchez la chandelle.

Ces mots : il a tué Bachot, avaient arrêté les combattants. Le buveur qui avait pris ma défense, se baissa et retourna le corps étendu à mes pieds : le sang coulait d'une large blessure faite à la tête. L'ouvrier donna à tenir la chandelle à son voisin, et soulevant Bachot, il le montra aux assistants.

— Vous voyez, leur dit-il, que c'est un coup de bouteille. Regardez le trou; voici les morceaux de verre. L'abbé n'avait pas de bouteille, ainsi c'est un de vous qui a fait le coup... Donnez-moi de l'eau et du sel, la mère?

Elle était sortie.

— Elle a été chercher la garde, dit une voix.

Mon protecteur parut réfléchir un instant, puis il dit un mot à l'oreille d'un de ses camarades. Celui-ci me prit par le bras et me tira de la foule. Une jeune fille d'environ seize à dix-sept ans était restée assise à leur table : ce fut à elle qu'il s'adressa.

— Rose, lui dit-il à voix basse, fais sauter Monsieur par la fenêtre, et conduis-le chez la mère; il fera après ce qu'il voudra... Allez avec elle, Monsieur.

Je serrai la main de ce brave homme, et je suivis Rose dans une chambre voisine. Elle ouvrit une fenêtre étroite. J'hésitais à descendre. Rose monta alors à genoux sur la croisée ; puis, s'accrochant à la tablette en saillie, elle se laissa glisser en bas de l'autre côté, et je l'entendis quelques secondes après me dire :

— Faites comme moi.

Je fus bientôt à terre. La jeune fille me saisit la main et me guida avec précaution au milieu de tonneaux et de morceaux de bois jusqu'à l'allée par laquelle j'étais entré. Nous en sortions lorsque j'entendis un bruit de pas cadencés.

— C'est la garde, me dit Rose tout bas. Entrons dans cette maison pour la laisser passer.

La porte était fermée. Ma conductrice se plaça devant moi dans l'enfoncement de la muraille, en m'invitant à me courber.

Les soldats s'éloignèrent sans nous apercevoir.

— Allons, dépêchons-nous, maintenant, reprit ma conductrice.

Elle marchait très vite, et j'avais peine à la

suivre. Après avoir traversé plusieurs ruelles, Rose s'arrêta et frappa doucement à une porte. J'attendais avec anxiété, à demi-mort de peur et de honte. On n'ouvrit point.

— La mère est en vin, dit la jeune fille entre ses dents ; c'est peut-être mieux.

Puis elle me demanda si je voulais la suivre chez elle.

— Je vous remercie, lui dis-je, je vais essayer de retrouver ma route pour retourner chez moi.

— Oui, me répondit-elle en posant sa main sur mon bras ; vous allez vous faire ramasser par une patrouille, et mon homme, qui a voulu nous tirer tous deux de la correctionnelle, n'aura sauvé personne.

Elle avait raison : je la suivis.

Rose fit quelques pas dans la rue, puis elle ouvrit une petite porte et nous grimpâmes à tâtons jusqu'au cinquième étage. La jeune fille me conduisait par la main. Quand elle eut allumé un bout de chandelle et que je pus jeter un regard autour de moi, je restai surpris de la pauvreté de l'ameublement et de la négligence qui régnait dans cette misérable chambre. Je m'assis sur une mauvaise chaise, et Rose sur le pied d'un lit de sangle.

— J'ai chaud, dit-elle, et pas une seule goutte d'eau-de-vie... Vous prendriez bien un verre d'eau ? me demanda-t-elle.

J'acceptai. Ce qui venait de se passer m'avait tellement abasourdi, que mes idées étaient dans la plus étrange confusion. Rose paraissait tranquille. Pendant qu'elle me donnait à boire, elle remarqua que ma soutane était déchirée et que j'avais une tache noire au front.

— Vous avez été touché, me dit-elle en y posant un doigt ; je vais vous mettre une compresse.

Ce fut bien vite fait : la jeune fille semblait habituée à ces sortes de pansements.

— Causons maintenant, continua-t-elle. comment êtes-vous venu chez la mère David avec ces ivrognes de chiffonniers, et surtout avec ce gueux de Bachot ?

Puis, sans attendre ma réponse, elle ajouta :

— S'il a été tué, c'est pas un grand malheur ; mais ça va toujours faire un beau train... Quelqu'un vous connaît-il ?

Je commençais à retrouver mon sang-froid, et je ne jugeai pas nécessaire de dire à Rose qui j'étais.

— J'habite les environs de Paris, répondis-je ; je suis resté assez tard chez des amis où je dînais. Je ne connais guère les rues ; je me suis égaré, et c'est alors que j'ai été rencontré par les quatre vauriens qui m'ont conduit dans le cabaret où vous m'avez vu.

— Allons, vous échapperez à la correctionnelle. Ce serait pourtant drôle, dit-elle en riant de tout son cœur, d'y voir un prêtre qu'on aurait trouvé chez la mère David avec des chiffonniers et des filles comme moi...

Ces paroles me firent frémir; je venais de penser à madame de D....

— Au lieu de rire, m'écriai-je, nous devrions plutôt chercher les moyens de me procurer une voiture, afin que je retourne à mon hôtel.

— Ce n'est pas possible, répliqua Rose; il est trop tard. D'ailleurs, il doit y avoir des mouchards en surveillance dans le quartier. Nos rues n'ont pas bonne réputation... On suivrait la voiture. Et puis, vous êtes drôlement arrangé; tenez, vous avez du sang sur vos souliers.

Elle baissa la chandelle, et je vis, en effet, des taches rougeâtres non-seulement sur ma chaussure, mais encore sur mes bas et sur ma soutane. Rose prit un débris de brosse, la trempa dans une écuelle écornée, et nétoya mes souliers; elle lava ensuite ma soutane.

— Il faudrait ôter vos chausses, me dit-elle; mais je n'en ai pas d'autres à vous donner à la place; enfin, j'arrangerai ça pour le mieux.

Elle agissait tout en parlant, et je pus l'examiner de près. Son visage était déjà flétri; ses paupières s'entouraient d'un cercle bleuâtre. Elle eût été jolie, si le vice ne l'eût déjà marquée de son empreinte fatale. Du reste, elle paraissait vive et alerte, et ses yeux pétillaient d'intelligence et de malice.

Elle voulut faire du feu. Le bois manquait; elle brisa sa chaise et la jeta dans la cheminée. Tandis que mes bas séchaient, je causais avec elle. J'appris qu'elle était la fille d'un charpentier, mort à l'hôpital à la suite d'une chute. Elle avait perdu sa mère de bonne heure. Pour gagner sa vie, elle avait vendu des petits objets et fait des commissions dans le quartier, jusqu'à ce qu'elle eût été prise par celui qu'elle nommait son homme. C'était un ouvrier cloutier, assez rangé, et qui ne la maltraitait pas. Ils allaient chez la mère David, parce que le cloutier travaillait avec le gendre de cette femme; mais ils ne se mêlaient jamais aux chiffonniers qui fréquentaient le cabaret.

Je représentai à Rose qu'avec son intelligence et son activité, elle eût pu trouver une condition plus honnête et plus heureuse.

— Ah! ouitche, me répondit-elle, est-ce que ça se peut pour nous autres, pauvres filles? Si vous saviez le mal que je me suis donné pour gagner honnêtement mon pain, vous verriez que j'ai fait tout et le reste pour ne pas être ce que je suis. Toutes les autres en sont là.

Elle m'intéressait vivement; mais j'étais trop occupé de ma propre position, pour ne pas écouter avec distraction le récit de Rose.

— Est-ce que vous ne pourriez pas me procurer d'autres habits, lui demandai-je ?

— Attendez, me répondit-elle, si mon homme n'a pas été arrêté, il va bientôt arriver. Sinon, j'irai demain au Temple, qui est ici tout près, et je vous achèterai ce qu'il vous faut, pourvu que vous me donniez de l'argent, car je n'ai ni sou ni maille.

Nous attendîmes vainement pendant le reste de la nuit; l'ouvrier ne revint pas. La chandelle s'éteignait. Rose se jeta sur son lit, et moi je m'assis sur le plancher, le dos appuyé contre la cheminée, dans laquelle fumaient encore les débris de l'unique chaise de Rose.

On devine la nature de mes réflexions : elles ne pouvaient être riantes. Je me voyais dans la plus difficile et la plus pénible situation, sans que ma volonté y fût pour rien. J'étais surtout humilié, et mon amour-propre souffrait cruellement.

Quand je vis poindre le jour, j'éveillai Rose, qui dormait avec autant de calme que si elle eût assisté la veille à un sermon ou à une paisible réunion de famille. Heureuses natures, qui savent se résigner et prendre le temps comme Dieu le donne!.. Je remis de l'argent à Rose et je la priai d'aller au Temple.

— Ah! mais je n'y pensais pas cette nuit, me dit-elle en se frottant les yeux; il y a dans cette armoire les habits de dimanche de mon homme; prenez-les et vous me les renverrez... Gardez votre argent; vous en aurez peut-être besoin pour payer votre garni.

Elle me donna en effet les habits, qui étaient un peu larges. Je me couvris la tête d'une casquette de peau, que je rabattis sur mes yeux, et lorsque Rose eut achevé ma toilette, ce qui ne fut pas long, je mis ma soutane en paquet, et je la plaçai sous mon bras.

J'eus toutes les peines du monde à faire accepter à Rose quelques pièces de six francs ; encore ne consentit-elle à les prendre que lorsque je lui montrai qu'en réalité ce n'était qu'une sorte de garantie pour les habits qu'elle me prêtait.

Nous descendîmes dans la rue. Il pouvait être cinq heures du matin. Rose voulut se charger de mon paquet. Elle se pendit ensuite à mon bras et me conduisit à une station de fiacres. Lorsque je fus monté dans la voiture. elle me tendit la main.

— Bon voyage, Monsieur, me dit-elle.

Le cocher se tourna vers moi et sourit d'un air malin.

— Où va le bourgeois ? me demanda-t-il.

J'indiquai un quartier que je connaissais et qui était assez éloigné du mien. Au moment où nous partions, je levai les yeux sur Rose, qui se tenait debout près de la portière. Elle me regardait en silence. Je lui fis un signe de tête amical et je lui dis adieu.

O vous! les grands et les riches du monde, dites, ce peuple si généreux et si bon ne vaut-il pas mieux que vous?

J'étais impatient d'arriver : Yvonne avait dû passer une nuit affreuse en m'attendant. Quand je frappai à la porte, elle accourut aussitôt. Elle ne me reconnut pas d'abord ; mais le son de ma voix lui fit pousser une exclamation.

— Bon Dieu ! que vous est-il arrivé?

— Silence ! lui dis-je. L'abbé Napoule est-il levé ?

— Il doit dormir encore, me répondit-elle, car il a eu l'obligeance de veiller avec moi une partie de la nuit.

Cela me contraria : j'avais comme un pressentiment qu'il en résulterait quelque chose de fâcheux.

Lorsque je racontai mon aventure à Yvonne, la pauvre femme pâlit, trembla, fondit en larmes, et me serrant dans ses bras :

— Enfin, te voilà en vie, mon pauvre enfant, me dit-elle, c'est tout ce qu'il faut !

Elle me fit monter dans ma chambre, et me prodigua les soins de la tendresse maternelle. Elle me mit une nouvelle compresse sur le front, et me conseilla de passer la journée au lit.

— Chargez-vous alors, lui dis-je, de faire une histoire quelconque à mon confrère, pour justifier mon absence de cette nuit.

Le lendemain, j'étais un peu remis de ma rude secousse, et, quoique la trace du coup que j'avais reçu à la tête fût encore un peu apparente, je me disposais à descendre et à reprendre mon train de vie ordinaire, lorsqu'Yvonne m'apporta un petit billet.

C'était la marquise qui s'informait de ma

santé. Elle ne m'avait pas vu chez-elle la veille à déjeûner, et elle supposait que j'étais malade. Ce billet m'indiquait précisément l'excuse que j'avais à donner, excuse qui n'était du reste que l'expression de la vérité. Je me crus quitte; mais je ne suis pas du nombre de ceux qui sortent d'embarras à bon marché... Madame de D....... vint me rendre visite.

Elle me trouva fort en désordre, encore pâle et défait, avec une large plaque noire au front.

— Mon Dieu! me dit-elle d'un air inquiet, que vous est-il donc arrivé? Madame la marquise, avec laquelle je causais de vous hier au soir, me témoignait son étonnement de votre inexactitude; mais j'en comprends la cause maintenant. Vous avez éprouvé un accident, sans doute?

Et elle indiquait du bout de son petit doigt mon front, qui se couvrit de rougeur. J'ai l'imagination assez prompte ; mais elle me fit défaut, lorsque j'essayai de fabriquer une histoire pour expliquer ma mésaventure. Cependant, madame de D....... sembla y ajouter une foi entière. J'étais sur les épines, et je tournai court en demandant à la dame ce qui me valait l'honneur de sa visite. Alors elle m'expliqua la mission qu'elle désirait que je remplisse. Avec son tact de femme, elle avait senti qu'elle pouvait tout exiger, car elle fut beaucoup plus explicite que la première fois. On avait persuadé à la grand'tante qu'en parlant comme je l'avais fait, j'avais joué un rôle dans l'intention de mieux gagner la confiance de l'enfant prodigue, auquel sa mère et la marquise ne manqueraient pas de rapporter mes paroles. La grand'tante avait passé du mécontentement à une véritable admiration. J'étais évidemment l'homme prédestiné, et seul je devais opérer la conversion tant souhaitée.

— Ce n'est pas tout, ajouta madame de D....... : la marquise est très liée avec le haut dignitaire qui était assis près d'elle à dîner. Il est peu partisan des jésuites, qui l'offusquent, et il connaît et approuve le plan qu'elle a conçu pour déjouer leurs intrigues à l'endroit de mon fils. Aujourd'hui, il partage l'erreur de ma tante en ce qui vous concerne, et il a manifesté le désir que vous lui fussiez présenté. Ce sera pour vous un appui, et, vos talents aidant, vous ne tarderez certainement pas à avancer.

Loin d'être flatté de la perspective qu'on m'offrait, j'en fus blessé. Je crus voir que je n'étais pour madame de D....... qu'un instrument dont elle pensait se servir à sa guise en flattant mon amour-propre. Il n'y avait rien là qui ressemblât à de l'affection. L'orgueil prit un moment le dessus.

— Permettez-moi, Madame, lui répondis-je, de vous exprimer encore toute la répugnance que j'éprouve à jouer un rôle tout à fait en dehors de mes habitudes et de mes goûts. Je sors du peuple, et je dois tout ce que je suis à l'excellente femme qui vous a introduite près de moi. Si, poussé par les circonstances, j'ai quelquefois dévié du sentier de la vérité, j'en ai éprouvé de si cuisants remords, que je ne veux plus m'y exposer. Dieu m'a fait simple et sincère ; je veux rester tel qu'il m'a fait. Je vois que je ne puis m'approcher sans danger des riches et puissants : mieux vaut demeurer le dernier des prêtres, afin d'être moins exposé aux tentations... Elles sont bien dangereuses, Madame, ces tentations, croyez-le bien ; il faut qu'à l'exemple des pieux cénobites, je recherche la tranquillité de l'âme et la paix du cœur dans la solitude... (Mon imagination s'exaltait peu à peu et l'émotion me gagnait.) Il faut que je vous fuie, et peut-être est-il trop tard !..

En achevant ces mots, je me couvris le visage de mes mains. Je me conduisais comme un véritable enfant.

Cependant madame de D... parut un instant troublée; quand elle me parla, sa voix avait une inflexion si douce, si pénétrante, que j'oubliai les conseils de mon orgueil; et passant d'une extrémité à l'autre, je fus sur le point de me jeter à ses pieds et de la supplier de disposer de moi comme d'un esclave. Elle vit le combat qui se livrait en moi, et elle reprit :

— Veuillez vous rappeler que Maurice vous a déclaré qu'il ne demanderait à votre amitié que ce qu'on pouvait exiger à ce titre d'un homme d'honneur. Vous êtes tel, en effet, monsieur l'abbé; mon fils vous a deviné, et il vous aime.

Ce dernier mot échappa tout tremblant de ses lèvres. J'en savourai la douceur avec un inexprimable plaisir.

— Je crois, ajouta-t-elle, que ce qui peut seul blesser votre susceptibilité, c'est la conduite qu'il vous faudra tenir vis-à-vis de ma tante. Mais songez bien que tout se réduit à la convaincre qu'on l'a trompée au sujet de la mésalliance de Maurice ; et rien n'est plus vrai : vous pourrez vous en convaincre vous-même.

Je l'écoutais parler avec une attention si passionnée, qu'elle rougit et baissa les yeux. Il y eut un instant de silence ; ce fut elle qui le rompit.

— N'est-il pas vrai, me demanda-t-elle, que vous m'aiderez à déjouer les intrigues à l'aide desquelles on espère attirer sur la tête de mon fils les malédictions de sa tante et le dépouiller de son bien légitime ?

— Je vous le promets, Madame, lui répondis-je d'une voix si émue, qu'elle me tendit la main en me disant :

— Vous êtes un noble cœur, Monsieur. La

marquise n'avait pas compris tout ce que vous valez.

J'osai porter sa main à mes lèvres ; son contact me fit éprouver une sensation si vive que je pâlis et me sentis chanceler. Madame de D... en fut émue à son tour, et je vis une larme briller dans ses yeux.

— Adieu, Monsieur, me dit-elle en se levant, je me retire heureuse : je compte un ami de plus.

Je ne pus lui répondre, et je l'accompagnai en silence. Quand elle remonta en voiture, elle m'adressa un dernier regard qui me fit tressaillir ; puis, elle disparut.

XI

Mon confrère nous observait de sa fenêtre. A table, ses lèvres étaient plus livides que de coutume, ses paupières plus abaissées. Il parla peu et je ne dis mot. Nous nous haïssions mutuellement; mais la partie n'était pas égale entre nous. Je devais bientôt en acquérir la pénible preuve.

Le reste de la journée s'écoula pour moi au milieu des plus enivrantes illusions. Je me rappelais chaque mot, chaque regard, chaque sourire de madame de D... Il me semblait encore entendre sa douce voix, et mon cœur vibrait à ce souvenir. Pour décrire les sensations de ces heures charmantes, il faudrait trouver des paroles imprégnées de parfums..... Oh! que je conçois bien qu'en face des tentations qui les dévoraient, les pères du désert, ces pieux chrétiens, appelassent à leur aide et les mortifications austères et le long suicide. Mais comme je comprends aussi que le jeûne, et le cilice, et les rudes travaux ne pouvaient éteindre le feu des passions allumées dans leurs veines!......

Dans mon ivresse, j'avais oublié la bonne petite Rose, qui m'avait préservé du scandale et peut-être de pis. Yvonne me le rappela : elle se chargea de faire remettre à la jeune fille les habits qu'elle m'avait si généreusement prêtés; elle devait en même temps s'informer des suites de la scène à laquelle j'avais si désagréablement pris part. Ma gouvernante joignit aux habits une petite somme : elle eût voulu faire plus généreusement les choses; mais nous craignions d'éveiller les soupçons.

Voici ce que nous apprîmes bientôt. Les buveurs avaient d'abord tous été arrêtés. Bachot n'était pas mort; on l'avait transporté à l'hôpital, et sa blessure ne donnait aucune inquiétude. Après un long interrogatoire, l'ouvrier cloutier avait été mis en liberté. Aussitôt que le juge d'instruction s'était aperçu qu'un prêtre se trouvait mêlé à cette ignoble rixe de cabaret, il avait étouffé l'affaire. Je m'en réjouis; car, bien qu'étranger aux formes de la justice, je comprenais qu'à l'aide de la police on pouvait arriver jusqu'à moi; et un prêtre sur la sellette, surtout à l'époque où l'orgueil du clergé blessait tout le monde, eût été un spectacle trop scandaleux pour ne pas attirer l'attention générale.

Je crus donc fermement que, dans l'intérêt du corps dont je faisais partie, tout serait enseveli dans le silence et dans l'oubli, et que j'en serais quitte pour une nuit épouvantable.

Je me trompais. Il y avait alors des hommes dont les yeux pénétraient partout, dont les oreilles entendaient tout, et qui avaient, grâce à leurs congrégations, des espions, plus clairvoyants cent fois que ceux de la police, jusque dans la fange de la société. Mon excellent collègue se chargea de me tirer d'erreur.

La grand'tante de Maurice m'envoya une invitation à dîner. Son directeur de conscience, l'abbé Napoule, ne pouvait être oublié ; il était donc de la partie. Cela arrivait, du reste, assez fréquemment, car madame de D..., pour flatter sa tante, se montrait empressée à recevoir son confesseur. L'enfant prodigue, bien entendu, n'assistait pas à ces pieuses réunions, où se trouvaient seulement quelques dames patronesses ou les plus huppées de la congrégation. Le jeune homme avait eu le malheur de sourire, dans les premiers temps, du langage mystique qui faisait les frais de la conversation durant ces délicieux et saints repas, et il en avait été exclu.

Madame de D... m'avait placé près d'elle. Mon confrère se trouvait presque en face de moi, à côté de la grand'tante, qui avait ce jour-là un air parfait de béate. L'intelligence de la bonne femme avait trop baissé pour qu'elle eût une saine dévotion. On récita le *Benedicite* à haute voix, comme dans un monastère ; les signes de la croix furent d'une piété attendrissante ; enfin, on put s'asseoir, et le bruit des fourchettes succéda aux oraisons.

Ce jour-là, tous les visages, à l'exception de celui de l'abbé Napoule, m'étaient inconnus.

A mon insu, on venait de m'introduire dans la plus haute dévotion, en pleine fleur des pois de bigotisme. J'étais, à coup sûr, indigne de tant d'honneur.

Comme j'avais cru remarquer à plusieurs reprises que mon confrère tournait vers moi sa fauve prunelle à demi-voilée, — attitude qui, pour le dire en passant, faisait l'admiration de ses nobles pénitentes, — je me tins sur mes gardes : je prévoyais quelque attaque sournoise, et je voulais être prêt à la riposte.

Le dîner continuait.

J'essayais de distraire ma pensée de madame de D... en m'occupant des convives. Elle, de son côté, affectait si naturellement de m'oublier que je ne songeai plus à jouer l'inattention : je ne pus comprimer un soupir, mais si faible en vérité que l'oreille d'une femme pouvait seule l'entendre... Une main bien douce qui voulait atteindre un mets placé devant moi effleura ma main. Ce fut une sorte de choc électrique. Toute sa pensée se traduisait par ce geste charmant, et mon âme inondée de bonheur en comprit l'éloquence!...

Au même instant je surpris un regard si rempli de fiel que je sentis l'effroi glacer mes sens : mon émotion avait pour témoin le plus dangereux surveillant, et il en avait deviné la cause. Je feignis de ne pas m'en être aperçu, et j'adressai la parole à madame de D... Elle me répondit sans tourner la tête de mon côté et du ton le plus indifférent.

Son œil avait été aussi pénétrant que le mien, et comme moi elle avait vu tomber le masque du jésuite.

On vint à parler missions. Les traits les plus édifiants de charité, de dévouement chrétien furent cités par les convives. Mon confrère en rapporta un tellement touchant que la grand'-tante se signa le plus dévotement du monde;

toutes les bouches étaient béantes, toutes les oreilles tendues. Les lèvres pâles du narrateur s'animèrent un moment, ses paupières se soulevèrent et il nous contempla avec une étrange expression de triomphe et de dédain. Je me taisais ; mon cœur était plein : la main de ma voisine avait de nouveau touché légèrement la mienne au moment où l'abbé, déplorant sur le ton de Jérémie l'expulsion d'un missionnaire de la Chine, fermait entièrement les yeux comme pour se recueillir dans sa douleur. J'étais trop heureux pour que mon visage n'exprimât pas ma joie. L'œil de lynx du jésuite ne manqua pas de saisir cette impression ; mais cette fois la cause de mon émotion avait échappé à ses investigations ; son regard devint inquiet.

Je me mis à sourire : Je triomphais à mon tour.

Des missions, on passa aux besoins des saints personnages qui allaient porter aux païens les lumières de la civilisation. Je me rappelai ce que mon confrère m'avait dit, à ce sujet, et j'attendais qu'il développât sa théorie sur l'asservissement de l'intelligence humaine. Il ne jugea pas à propos de le faire.

Ce fut madame de D... qui prit la parole. Elle cita un trait de piété, mais sans contorsions, sans mouvements de tête et de bras et surtout sans exagération. Je l'écoutais : chacun de ses accents retentissait à mon oreille comme une note mélodieuse...

La grand'tante eut aussi sa pieuse anecdote. Il s'agissait d'un missionnaire dont la résignation au milieu des tortures avait tiré d'abord des larmes de ses bourreaux et les avait ensuite irrités au point de redoubler leur rage. Alors on avait vu une traînée lumineuse s'élever vers le ciel...

— Miracle ! ajouta la vieille dame.

Elle en voulait à toute force, et son directeur, l'abbé Napoule, faisait sa provision.

Il y avait un certain ordre dans les récits. Chacun prenait à son tour la parole, tandis que les autres auditeurs expédiaient prestement ce qui était sur leurs assiettes ou tendaient leurs verres au laquais galonné placé derrière eux deux bouteilles à la main.

La grand'tante, — Dieu le lui pardonne! — ne m'entendant point parler, m'invita à régaler l'assistance de quelque sainte histoire.

— Je suis si charmé de ce que racontent ces messieurs, répondis-je, que je les prie de continuer pour mon édification.

— Hélas! dit sourdement mon confrère, si l'église de Jésus-Christ a le droit de s'enorgueillir de ces saints missionnaires qui vont étonner les nations plongées dans les ténèbres de l'erreur, les peuples civilisés ont trop souvent des scandales bien affligeants sous les yeux. Tout n'est pas joie pour nous sur la terre.

Il appelait joie les tortures des hommes dévoués qui souffrent le martyre pour la propagation de la foi. Je suis sûr qu'il leur eût donné un autre nom s'il eût été sous les tenailles des païens.

A ces derniers mots, profond silence ! Les yeux tout-à-fait clos, la tête penchée, les mains jointes du personnage, annonçaient quelque surprenante révélation.

— Oui, reprit-il, Dieu permet quelquefois que le cœur des fidèles soit attristé et que les impies puissent montrer du doigt le lévite du Seigneur !...

— Vous m'épouvantez, mon père, s'écria la grand'tante.

Il m'épouvantait bien davantage, mais je restai muet.

Les questions se succédaient. Il porta son regard voilé sur les valets, madame de D... le comprit et les éloigna de la salle à manger sous je ne sais quel prétexte. Mon charitable confrère, qui feignait de les accompagner jusqu'à la porte d'un œil plein de sollicitude, se hâta d'ajouter :

— Un prêtre a passé une nuit dans une maison crapuleuse. Il s'est enivré, en est venu aux mains avec des chiffonniers, en a étendu un sur le carreau couvert de sang, et enfin s'est enfui par la fenêtre, conduit par une de ces malheureuses dont on n'ose prononcer le nom.

— Abomination ! dit la vieille tante.

— Abomination ! répétèrent les convives.

Pour moi, je crus qu'ils entonnaient mon *de profundis* tant mon cœur se serra sous l'étreinte de la honte et de la terreur. Des mouvements convulsifs agitaient mes membres. Le jésuite me lança un regard de vengeance satisfaite. Il savourait goutte à goutte mon supplice ; il n'avait pas fini.

— Ma bouche, reprit-il, ne pourrait continuer le récit de ce qui se passa pendant le reste de la nuit... Le matin, il fut vu sous les habits d'un ouvrier accompagné de...

Il s'arrêta comme s'il n'eût pu respirer... Et ce fut dans cet état qu'il rentra chez lui le front marqué d'un signe comme celui de Caïn.

Madame de D... frissonna ; mes oreilles bourdonnèrent et mon oppression était telle que je fus obligé de me lever de table pour aller respirer le grand air.

D'abord affaissé sous le poids de mon humiliation, je me sentis défaillir ; mais le cri de ma conscience s'éleva à son tour pour me dire que je n'étais pas le misérable que mon confrère venait de stymatiser. Je rentrai, le front haut, dans la salle, et j'imposai par l'assurance de mon regard. L'œil du jésuite se baissa sous le mien.

— Vous avez été indisposé? me demanda madame de D...

— Fort peu de chose, Madame, répondis-je. Le sentiment contenu d'une violente indignation.

— C'est que c'était vraiment affreux, dit la grand'tante.

— Oui, Madame, c'était affreux en effet; un pareil récit est horrible, et je ne comprends pas comment Monsieur a eu le courage de le faire devant vous sans rougir...

Deux personnes seulement me comprirent. L'abbé Napoule ne dit mot; il tournait sa fourchette entre ses doigts; son visage demeurait impassible.

J'allais continuer; mais madame de D... m'interrompit froidement en me priant de ne pas insister sur un sujet qui m'avait si vivement affecté, et aussitôt elle donna adroitement un nouveau tour à la conversation. Le jésuite ne reporta plus les yeux sur moi. Mon ton décidé l'avait intimidé, ou bien n'était-il pas sûr de ses faits ? Je ne sais : toujours est-il qu'il écoutait et semblait réfléchir.

Au moment où nous nous levions de table, madame de D... me dit à voix basse :

— Je désire causer avec vous.

Mon confrère s'était emparé de la grand'-tante, et il lui citait probablement quelques passages des Pères, car je l'entendis prononcer le nom de saint Augustin.

Au surplus, il donna quelques instants après le signal de la retraite, et il quitta le premier le salon avec trois ecclésiastiques. Deux autres restaient encore, occupés à écouter la grand'-tante, qui discourait sur l'immoralité du siècle. La bonne femme était trop heureuse de parler et trop fière de ses auditeurs pour s'apercevoir que sa nièce sortait avec moi.

Madame de D... me conduisit dans le jardin. Elle ne dissimulait plus son émotion et marchait à pas précipités.

— Madame, lui dis-je, je vais aborder sans détours le sujet de l'entretien que vous désirez de moi. Seulement écoutez mes explications et ne me condamnez pas sans m'entendre.

— C'était donc bien vous? me répondit-elle avec un douloureux effort. Oh! je l'ai deviné à votre trouble.

— Oui, Madame, répliquai-je avec assez de calme, je suis le prêtre que l'abbé Napoule a voulu désigner; mais il a dénaturé les faits, il m'a indignement calomnié...

— Il a pu lui-même être abusé par un faux rapport.

— On n'est trompé que quand on veut bien l'être; du reste, voici toute la vérité :

Et je racontai sur-le-champ les faits tels qu'ils s'étaient passés. Le visage de madame de D... s'éclaircit :

— Quelle imprudence, me dit-elle, de n'avoir pas pris ma voiture ! Vous ne connaissez donc pas Paris ? Je me reproche de n'y avoir pas songé !

— Mais qu'ai-je fait à cet homme ? ajoutai-je, en me parlant à moi-même.

— Cherchez bien dans vos souvenirs, peut-être y trouverez-vous le motif de sa haine.

Je racontai alors à madame de D... l'entretien qui avait précédé sa première visite, et dont la Société de Jésus avait été l'objet. Elle m'écoutait attentivement.

— Voilà le point de départ, me dit-elle ; mais il est une autre cause plus active peut-être... Vivez avec cet homme comme avec un ennemi dangereux. Je ne sais pourquoi il vous a indiqué à ma tante ; car, en vérité, ce serait un démon, si l'idée qui vient de me traverser l'esprit a été la sienne... Je n'ai rien à vous dire de plus aujourd'hui. Je vous retrouverai dans quelques jours chez la marquise. Nous verrons ce que peuvent deux femmes et un prêtre contre un jésuite... Partez, un de mes gens va vous accompagner.

J'étais si pénétré de son exquise bonté que les larmes me vinrent aux yeux.

— Adieu, me dit-elle, je suis satisfaite de votre franchise.

Durant tout le trajet, je fus plus occupé de ces derniers mots que de tout ce qui venait de m'arriver. Mais lorsque, pendant la nuit, je me trouvai livré à mes réflexions, les sentiments d'une ardente haine s'éveillèrent dans mon cœur. Je sentais le besoin de tirer vengeance de mon dénonciateur, et les moyens de la satisfaire devinrent l'unique préoccupation de mon esprit. Il venait de porter un regard investigateur sur ma conduite; je me crus en droit d'éclairer la sienne.

Désormais, nous allions être à deux de jeu : la lutte venait de commencer.

L'abbé Napoule, avant de devenir mon commensal, habitait déjà la même maison que moi; il occupait au second une chambre retirée qui prenait jour sur le jardin; à côté se trouvait un petit cabinet dans lequel personne n'entrait que lui, et presque en face une autre chambre à coucher.

Très peu enclin par caractère à me mêler des affaires d'autrui, je n'avais jamais cherché à percer le mystère qui enveloppait la plupart des actions du jésuite. Ainsi, je ne m'étais pas plus demandé pourquoi il prenait tant de soin de fermer son cabinet aussitôt qu'on entrait chez lui, que je n'avais essayé de me rendre compte des allées et venues d'une foule de visiteurs nocturnes. Je voulais agir à ma guise; je le laissais vivre à sa fantaisie. J'étais déjà entaché du péché qu'on me reprocha plus tard, du péché de tolérance. Mais il venait de porter un regard indiscret sur ma conduite; je me crus en droit d'éclairer la sienne. C'était la loi du talion.

Comment obtenir de ma paresse naturelle l'activité nécessaire pour suivre un homme qui se glissait dans l'ombre comme un reptile, silencieux et faisant le mort au moindre bruit? La haine est un énergique stimulant : dès le lendemain, au point du jour, je choisis un poste duquel je pouvais voir, sans être vu moi-même, ceux qui entreraient chez le jésuite ou en sortiraient. Une lorgnette à l'œil, je pouvais plonger mon regard dans la pièce qui faisait face à la porte du cabinet mystérieux.....

Il se promenait lentement, les mains derrière le dos, la tête penchée sous le poids de ses pensées. Il attendait quelqu'un ou machinait une intrigue. Ma première supposition ne tarda pas à se vérifier. Un homme du peuple traversa la petite cour et se dirigea vers l'habitation du jésuite. Dès qu'il fut entré, la croisée se ferma. Une demi-heure après, le même homme sortit. Il s'arrêta un instant dans la cour pour mettre dans une poche intérieure de son gilet une lettre assez volumineuse, puis il reprit sa marche. Je fus presqu'aussitôt que lui dans la rue, et je le suivis à quelque distance sans le perdre de vue une minute. Après m'avoir fait parcourir une multitude de rues, il prit à gauche, dans un carrefour, descendit une ruelle peu fréquentée et disparut dans une allée de pauvre apparence. En examinant les lieux, je crus me rappeler que j'étais déjà venu dans cet endroit. Cependant, je pris le nom de la rue et le numéro de la maison, et je m'éloignai. J'avais déjà tourné le coin du carrefour lorsqu'une idée singulière me traversa l'esprit. Je m'adressai à un commissionnaire :

— Courez, lui dis-je, rue....., n° 11, vous demanderez un homme qui a reçu de M. l'abbé Napoule une lettre, il n'y a pas une demi-heure, et vous le prierez de vous la remettre. J'ai commis une erreur, ce n'est pas celle que je devais envoyer; allez vite, et vous me la rapporterez.

Je lui mis une pièce de monnaie dans la main, et il partit comme un trait. J'étais inquiet du résultat de ma ruse, et aussi, je dois l'avouer, assez peu content de moi. Je me promenais à pas précipités sur le trottoir, n'osant me hasarder à me montrer dans la rue qu'habitait le correspondant de l'abbé Napoule. Enfin, dix minutes qui durèrent un siècle, s'étaient à peine écoulées lorsque je vis reparaître mon commissionnaire, une lettre à la main.

— Faut-il, me demanda-t-il, que la personne aille prendre l'autre chez vous?

— C'est inutile, répondis-je ; allez lui dire que j'ai changé d'idée.

Possesseur du papier, j'entrai dans un cabinet de lecture pour n'être ni dérangé ni surpris. La lettre n'était pas signée, mais l'écriture de mon confrère, quoique un peu contrefaite, était facile à reconnaître. Il s'adressait à la femme de ce chiffonnier que j'avais cru mort et qui était à l'hôpital, et lui conseillait de consulter un avocat sur le point de savoir si son mari n'avait pas droit de réclamer des dommages-intérêts pour la blessure qu'il avait reçue chez la mère David. « Il se trouvait, ajou-
« tait l'officieux donneur d'avis, au nombre des
« personnes qui s'étaient battues dans le caba-
« ret, un homme qui se hâterait de payer tout
« ce qu'on voudrait, pour éviter le scandale ;

« on indiquerait à madame Bachot son nom et « sa demeure en temps opportun, etc. »

Mon indignation fut si vive que je ne pus la contenir ; je sortis en proie à la plus violente agitation, et je courus porter ma lettre au préfet de police. Mais, tout en marchant, je réfléchissais, et avant d'être arrivé à la préfecture, j'avais renoncé à mon projet. Les jésuites étaient tout-puissants et j'allais entamer une mauvaise affaire. Dans mon embarras, je songeai à Maurice.

— Il connaît Paris mieux que moi, il hait mon jésuite ; peut-être, me dis-je, pourra-t-il me donner un bon avis.

Je fus assez heureux pour le trouver chez lui. Je lui racontai les faits et je lui mis la lettre sous les yeux.

— Je savais déjà votre désagréable aventure, me répondit-il : ma mère me l'a racontée hier au soir... Laissez-moi réfléchir un peu.

J'arpentais son appartement avec impatience; je sentais mon sang bouillir dans mes veines. Tout-à-coup Maurice poussa un grand éclat de rire.

— Excellent ! s'écria-t-il ; je veux donner une leçon au Napoule. Ne vous mêlez de rien et ayez l'esprit en repos. Conservez seulement cette lettre, que je pourrai vous redemander.

Il sonna.

— Allez chercher le frotteur Lavareille, dit-il au valet qui se présenta, et amenez-le-moi ici.

Je le regardais tout étonné. Il se mit encore à rire.

— Quand Lavareille arrivera, vous entrerez dans mon cabinet de toilette et vous m'écouterez. Jusque-là vous ne saurez rien... Ah ! ah ! reprit-il en se frottant joyeusement les mains, un jésuite qui fournit les verges pour être fouetté! c'est rare. Les plus fins se laissent donc prendre!

Au bruit qui se fit dans l'antichambre, je me jetai dans le cabinet, dont je laissai la porte entr'ouverte, de façon à voir et à entendre sans être aperçu.

XII

Lavareille était un grand gaillard d'une trentaine d'années, sans cravate et tout débraillé. Sa chevelure rousse, coquettement retroussée sur un côté de sa tête, formait une touffe épaisse et frisée. Ses traits respiraient l'insouciance et l'audace. En somme, c'était un de ces enfants de Paris à la mine effrontée, à l'air goguenard et hardi.

Maurice changea de place pour que je pusse

mieux entendre, et je ne vis plus le frotteur que de profil. Il se tenait droit comme un grenadier au port d'armes.

— Lavareille, commença mon jeune ami, j'ai à me venger, mais je ne peux malheureusement pas le faire moi-même.

— On peut trouver quelqu'un, monsieur le vicomte, répondit Lavareille en se frottant le menton.

— Il ne s'agit pas ici de coups, reprit Maurice, mais de ruse et d'adresse.

— Ça ira tout de même ; parlez, monsieur le vicomte.

— Connais-tu quelqu'un demeurant rue..., n° 11 ?..

— Il n'y a que de maigre gibier dans ce quartier-là ; je vois bien que monsieur le vicomte ne peut pas le chasser, murmura Lavareille comme s'il se fût parlé à lui-même.

— Il faut que tu ailles sur-le-champ dans

cette rue, à ce numéro, continua Maurice ; tu demanderas l'individu qui a reçu ce matin une lettre pour une femme Bachot, dont le mari est à l'hôpital, à la suite de blessures qu'il a reçues dans un cabaret il y a quelques jours.

— Connu, connu, dit gaîment le frotteur. C'est dans ce tremblement où un curé a donné une volée au chiffonnier, et a failli lui administrer les derniers sacrements?..

Je sentis la honte me monter au front.

— C'est probable, répondit le jeune homme avec indifférence. Une fois que tu auras trouvé le porteur de la lettre, tu le chargeras de retourner le plus tôt possible chez la personne qui la lui a remise ce matin (il sait l'adresse), et de lui dire seulement ces mots : « On viendra vous chercher ce soir assez tard ; on « a des révélations curieuses à vous faire « au sujet du prêtre qui a maltraité Bachot... » Pour t'assurer de l'exactitude de ton homme, tu lui donneras cette pièce de cent sous, en lui en promettant une autre s'il remplit bien sa commission.

— Il la remplira, monsieur le vicomte! Diable! dix francs pour si peu; mais il n'en gagne pas autant dans toute la sainte semaine... Monsieur le vicomte ne doit pas être nommé? ajouta Lavareille en clignant de l'œil.

— Tu ne connais pas la personne dont tu exécutes les ordres, répondit Maurice.

— Suffit; mais n'y a-t-il que ça à faire?

— Tu iras ensuite à la recherche d'une jeune fille nommée Rose et qui vit avec un garçon cloutier...

— Sans que le maire y ait passé, ajouta prestement Lavareille : connu! connu!

— Est-ce le mariage ou la fille? demanda Maurice.

— L'un et l'autre, et, qui plus est, l'homme de la demoiselle.

— Eh bien! tu obtiendras de Rose qu'elle reçoive chez elle la personne que le commissionnaire ira chercher et que tu feras conduire chez la jeune fille; et tu t'arrangeras pour qu'elle le garde le plus longtemps possible, sous prétexte d'attendre l'arrivée de ceux qui doivent lui donner des renseignements.

— Ah! fit Lavareille, si c'était une femme, à la bonne heure! mais un homme, elle ne voudra pas : le cloutier n'entend pas raillerie à l'endroit de la chose.

— Tu l'occuperas pendant ce temps.

— Et puis?

— Et puis, tu l'accompagneras chez Rose, et tu le laisseras faire ce qu'il voudra.

— Ah! je comprends; mais c'est que le cloutier cogne dur.

— Pas de malheur, entends-tu, reprit Maurice; mais du bruit, beaucoup de bruit.

— Oh! pour ça, soyez tranquille : nous

avons bonne voix... C'est tout ce que monsieur le vicomte exige de moi?

— C'est tout.

Et il mit quelque chose dans la main de Lavareille en lui disant :

— Voilà pour passer le temps au cabaret avec l'homme de Rose en attendant l'heure de rentrer au logis.

Le frotteur l'empocha, fit un salut militaire et sortit. Il était satisfait, car nous l'entendîmes chantonner dans l'antichambre.

— Eh bien! me demanda Maurice, qu'en pensez-vous?

— Que vous vous entendez à merveille à préparer une scène, répondis-je en m'efforçant de garder mon sérieux.

— Celle-ci vaudra la vôtre, mon cher abbé; je connais Lavareille, et votre, je dois dire notre ennemi, aura bientôt bouche close. Quant à vous, retournez promptement à votre domicile. Demain, vous saurez le résultat de notre plaisanterie.

Le mot était un peu trop doux pour la chose; mais j'étais, je le confesse, tellement dominé par l'esprit de vengeance, que je ne fus ni charitable ni généreux pour le misérable qui avait, sans provocation de ma part, préparé ma perte.

Je quittai Maurice et je rentrai chez moi. Il était environ midi. J'affectai à table une grande liberté d'esprit. Je parlai beaucoup à Yvonne des personnes que nous avions connues en Bretagne, et je ne laissai percer aucun ressentiment contre mon confrère, qui me jetait à la dérobée des regards soupçonneux. Le reste de la journée me parut se traîner avec une lenteur désespérante. Vers cinq heures, je vis venir l'homme du matin chez mon confrère : il ne fit qu'entrer et sortir. Peu après, le jésuite descendit au jardin ; il marchait vite, et de temps en temps se frottait les mains d'un air de jubilation. Probablement, il jouissait à l'avance de ce qu'il allait apprendre de défavorable sur mon compte, et, de mon côté, j'éprouvais une joie indicible en songeant au mécompte qui l'attendait. Nous étions deux à compter sur le triomphe : lequel avait raison?

Il reçut plusieurs visites ; mais, contre son usage, il les abrégea singulièrement. Aux approches de la nuit, je pris mes précautions pour que personne ne pût entrer sans que je le susse. Le souper fut long. Mon confrère était si sûr de me bientôt écraser qu'il me montrait une tendresse inaccoutumée. J'avais plus de raisons que lui d'être tranquille, et cependant j'éprouvais au fond du cœur une vague inquiétude que mon visage devait trahir. L'abbé Napoule prolongeait sa séance à table ; il parlait d'un ton si dévot et si amical que quiconque n'eût pas su comme moi ce qu'il avait en tête l'eût pris pour le meilleur homme du monde.

Le rôle que je jouais dans cette circonstance m'était commandé par la nécessité, et cependant je le remplissais avec répugnance, tant ma nature, je puis le dire avec vérité, était en désaccord avec ma déplorable éducation. Toutefois, je ne prétends pas me justifier; mais que ceux qui me blâment interrogent leur conscience avant d'affirmer qu'à ma place ils auraient mieux agi que moi, et, s'ils en sont bien certains, qu'ils me jettent la première pierre : je ne me plaindrai pas.

La pendule marquait huit heures trois quarts, lorsque plusieurs coups frappés à la porte firent involontairement tressaillir le jésuite. Yvonne alla ouvrir ; on demandait mon confrère. Il plongea son regard dans le mien comme pour deviner ma pensée ; mais je restai calme et indifférent en apparence. Alors il se leva sans précipitation, me salua profondément et descendit. Je m'élançai à la fenêtre, après avoir éteint la bougie : deux minutes à peine s'écoulèrent; j'entendis claquer un fouet, rouler une voiture : l'abbé Napoule était parti. De nouvelles inquiétudes vinrent m'assaillir. Peut-être avait-il un autre rendez-vous? peut-être aussi savait-il le complot tramé contre lui et s'occupait-il de se venger de moi?

La nuit se passa tout entière dans l'angoisse et le doute, et mon esprit tourmenté ne me permit pas de goûter un instant de sommeil. J'étais encore au lit lorsque Yvonne me remit un billet :

« Je vous attends à une heure précise, m'é-
« crivait Maurice. Fussiez-vous triste comme
« Job, larmoyant comme Jérémie, sérieux
« comme le grand Salomon, je me fais fort
« de vous dérider. — A bientôt! »

A midi, j'étais prêt à me mettre en course, joyeux et dispos. Le billet me prouvait que le projet avait réussi. Lorsque j'arrivai chez Maurice, il me reçut avec empressement, et, sans répondre à mes questions :

— Mettez de côté, me dit-il, cette soutane et cet horrible tricorne ; je suis aujourd'hui votre valet de chambre.

Et il m'enleva en effet mon vêtement. Je crus qu'il était fou.

— Allons, dépêchez-vous, continua-t-il ; il faut que vous soyez aujourd'hui un homme du monde, pour entendre le récit qu'on va nous faire. Il scandaliserait les oreilles d'un prêtre.

En un instant mon accoutrement ecclésiastique fut remplacé par le costume élégant d'un jeune homme à la mode. Seulement, mes cheveux étaient un peu longs.

— C'est égal, reprit Maurice, on porte les cheveux à la Benjamin Constant. Vous aurez un petit air d'opposition.

Il faisait ma toilette avec tant d'entrain et de gaîté que je finis par m'y prêter de bonne humeur. Je me regardai dans une glace. Ma métamorphose était si complète que je ne me reconnus pas moi-même. Ma taille était fine, cambrée; ma tête se détachait presque avec fierté sur mes épaules, et mes yeux me semblèrent plus animés, plus brillants. En somme, je fus très satisfait de ma petite personne. Le lecteur me pardonnera de rappeler ce mouvement d'amour-propre aujourd'hui que je marche courbé, que ma tête est chauve et que des rides profondes sillonnent mon front.

— Descendons maintenant au jardin, me dit Maurice.

— Mais si madame votre mère allait s'y trouver?

— Impossible, me répondit-il, elle est en grande conférence avec madame la marquise de....

Il m'entraîna, et nous voilà dans le jardin nous promenant à grands pas bras dessus bras dessous; Maurice me donnant des leçons de bonnes manières, corrigeant ma tenue, critiquant ma tournure, et moi m'efforçant, en véritable fou, de mettre ses conseils en pratique. Du reste, je ne pus tirer de lui aucun éclaircissement au sujet de la comédie que nous allions jouer.

— Attendez, attendez, me répondait-il, vous aurez le plaisir de la surprise ; mais par-dessus tout n'oubliez pas que vous êtes un homme du monde.

Nous remontâmes dans son appartement. Il plaça lui-même deux fauteuils à quelque distance l'un de l'autre, et regardant la pendule :

— Attention, me dit-il, notre rôle va commencer. Soyez sérieux, mais non pas comme un abbé. N'allez pas vous effaroucher de quelques mots un peu vifs : c'est un homme du peuple qui va nous parler. Il faut qu'il soit libre, autrement son récit perdrait tout son charme.

Lavareille entra presqu'aussitôt. Sa toilette était plus soignée que le jour précédent : une grosse cravatte bigarrée entourait son cou nerveux et retombait sur son gilet avec une certaine prétention. Une veste et un pantalon de velours complétaient sa parure.

— Me voilà à vos ordres, monsieur le vicomte, dit-il en faisant un salut militaire.

— Assieds-toi, lui répondit Maurice.

— Puisque Monsieur le permet, c'est pas de refus.

Et il prit un siége sur lequel il s'installa sans plus de façons.

— Tu m'as bien dit ce matin, reprit Maurice, que l'affaire avait eu un plein succès; mais je suis curieux de connaître les détails... Tu peux parler sans crainte devant Monsieur, c'est un ami.

— Faut-il vous commencer cela par tout le commencement?

— Certainement, nous ne voulons rien perdre.

— Pour lors, monsieur le vicomte, j'ai eu la

chance, en sortant de l'hôtel, de rencontrer le grand Mathieu, l'homme à la petite Rose. — Eh! Mathieu, que je lui dis, et les affaires, ça s'est donc arrangé? — Trois jours de coffre, voilà tout, me répondit-il. — Connais-tu ce calotin que tu as fait sauter par une fenêtre? — Ne m'en parle pas, qu'il me répond : Rose dit qu'il est doux comme un agneau, quoiqu'il tape dur quand il s'en mêle. Il a passé toute la nuit à prier le bon Dieu, le dos appuyé contre la cheminée. Drôle de lit, tout de même. C'est un brave homme; il m'a renvoyé mes habits, que Rose lui avait prêtés, avec douze francs de location. — Et tu ne le connais pas, bien sûr? — Pas plus que toi, mon vieux. — Dis donc, que je lui dis, qui est-ce qui d'meure à c't'heure rue... n° 11? — Tiens, c'est la femme à ce Bachot qui a reçu l'atout ensuite de quoi j'ai été mis à l'ombre. — N'y a-t-il pas quelque autre particulier dans le même local? — Ah! oui, deux Auvergnats, un porteur d'eau et un commissionnaire... Vous comprenez... c'était mon affaire, monsieur le vicomte. Je donnai rendez-vous à Mathieu chez la mère David sur les huit heures du soir, puis j'allai chercher mon homme. Ces Auvergnats, c'est simple comme des brebis et souple comme un gant, quand il y a quelque chose à gagner. A la vue de ma pièce de cent sous, mon particulier promit d'être exact à faire sa commission, et le voilà parti. J'étais bien un peu curieux de savoir où il allait; mais, ma foi, ce n'était pas dans la consigne. D'ailleurs, je rencontrai un ami avec lequel je pris un petit verre, et je ne pus rattrapper mon individu. Une bonne heure après, je rôdais dans la rue, lorsque je vis arriver l'Auvergnat tout essoufflé: « C'est fait, me dit-il; la personne se tiendra prête. » Alors je lui soldai sa paie. Il ne me restait plus qu'à prévenir la femme à Mathieu, et je me rendis chez elle du même pas.

Lavareille continua son récit. Il avait décidé,

non sans peine, Rose à recevoir la visite inconnue; puis, après avoir chargé un cocher de fiacre d'aller chercher une personne que lui désignerait un Auvergnat et de la conduire à la porte de la jeune fille, il s'était attablé dans le cabaret de la mère David avec Mathieu. Les libations avaient été longues et abondantes, et les deux compagnons étaient fort animés lorsqu'ils sortirent du cabaret et se dirigèrent vers la maison de Mathieu pour retrouver Rose et passer le reste de la soirée avec elle.

— Nous montons, dit le frotteur, le cloutier devant moi. — Tiens, me dit-il en se penchant à mon oreille, il y a du monde chez Rose. — La voisine d'en bas? que je lui répondis aussi à voix basse. Mathieu quitte ses souliers, grimpe doucement et va se coller contre la porte. Je le suivais. — C'est mon prêtre de l'autre jour, me dit-il. Est-il bon enfant de revenir nous voir? — Ah! fis-je... Il ouvre la porte. — Eh bien! monsieur le curé, dit-il en lui tendant la main, ça va-t-il mieux que l'autre nuit? — Quel est cet homme? demanda à Rose un gros prêtre dont on ne voyait que la moitié de l'œil. — Mais c'est mon homme, c'est Mathieu, répondit Rose toute troublée. — Est-ce lui qui doit me donner des renseignements? — Je n'en sais rien, répliqua Rose. Mathieu s'était reculé d'un pas tout ébahi. — C'est de la frime que tout ça, que je lui soufflai à l'oreille. Il ne fit ni une ni deux, et vous allongea sur le nez du calotin une claque qui dut lui faire voir une illumination sterling. Le curé se mit à crier, moi aussi. Rose avait trouvé la porte ouverte et descendait les escaliers quatre à quatre. — Ah! tu viens prendre des renseignements chez moi, beuglait Mathieu; tiens voilà ceux que je donne; et il cognait, fallait voir. La chandelle était éteinte, et j'avais mis l'abbé à l'abri dans un coin. — Ah çà! que je dis à Mathieu, tu vois bien qu'il ne crie plus, imbécile, veux-tu le tuer? — Non, mais je vas le jeter par la fenêtre, c'est mon idée. Je pris mon gaillard à bras le corps pour l'empêcher, et il trouva encore moyen de lancer de fameux coups de pied au curé. Vous comprenez : à ce tapage, les voisins montèrent. Ça chauffait trop ; Mathieu devenait pis qu'une bête féroce. — Allez chercher la garde ! criai-je ; et je me jetai entre lui et l'abbé, qui avait caché sa tête sous la couverture du lit et ne soufflait mot. La chambre était pleine de monde...

J'abrége ces détails pénibles. La garde arriva, l'abbé Napoule, — car c'était lui, — fut obligé de décliner sa qualité. On ne l'en conduisit pas moins au poste au milieu d'un scandale épouvantable.

— Etes-vous content, monsieur le vicomte? dit en terminant Lavareille.

— De ton zèle? Oui, répondit froidement Maurice. Mais on s'est trompé de personne. Ce n'était pas un prêtre qu'il fallait amener chez Rose.

— Diable ! répliqua Lavareille, cette bête d'Auvergnat se sera trompé !

— C'est une affaire faite, ajouta Maurice, mais arrange-toi de façon à ce que Rose ne jase pas. Tiens, voilà pour ta peine, et pour celle de Rose aussi. Dis à Mathieu que c'était une méprise et qu'on le dédommagera.

Lavareille se retira un peu confus et tout pensif en dépit de son assurance et de son insouciance habituelles.

— Vous comprenez pourquoi j'ai mis ce drôle dans la nécessité de se taire, me dit alors Maurice.

J'étais affligé au fond de l'âme que l'affaire fût allée aussi loin ; mais je compris que l'abbé allait se trouver, au moins pour quelque temps, dans l'impossibilité de me nuire, et cette considération apaisa bien vite mes velléités de remords. Par les soins de Maurice, un journal publia un récit chargé de cette aventure. Le jésuite y était assez clairement désigné pour que la grand'tante, sous les yeux de laquelle on plaça le journal, en l'accompagnant d'explications et de commentaires, en tombât presque malade.

La marquise de... qui se mêlait de tous ces tripotages, parce qu'elle caressait l'idée de marier sa fille aînée au jeune vicomte, la marquise décida la vieille dame à venir passer quelques jours à son château.

Tout le monde y gagnait, excepté moi, qui allais me trouver séparé de madame de D...

Quant à mon confrère, il avait été reconduit en fiacre à la maison, après avoir parlé au chef du poste. Le lendemain, tous les acteurs de la scène scandaleuse étaient arrêtés, sauf le principal, Lavareille, qu'on entendit comme témoin. Il ressortit de tous les interrogatoires que tout le mal venait d'une méprise, et qu'il n'y avait personne à punir. Rose revint près de Mathieu, convaincu, comme tous les autres, qu'il y avait eu quiproquo. Pour Lavareille, qui croyait avoir mal rempli sa mission, il ne parlait plus au vicomte de l'aventure qu'en se grattant l'oreille, et il se gardait bien de s'en vanter.

Je devais être le plus rassuré, et cependant je n'étais rien moins que tranquille. Je n'osai monter chez l'abbé Napoule, quoiqu'il fût malade au lit, et je me contentai d'envoyer Yvonne savoir de ses nouvelles. Peu de jours après, il quitta mon domicile. On l'envoya je ne sais où, et je n'en ai plus entendu parler.

FIN DU QUATRIÈME VOLUME.

www.ingramcontent.com/pod-product-compliance
Ingram Content Group UK Ltd.
Pitfield, Milton Keynes, MK11 3LW, UK
UKHW020158250726
13967UKWH00003B/1132